Nᵒ D'ORDRE
299

THÈSES

PRÉSENTÉES

A LA FACULTÉ DES SCIENCES DE PARIS

POUR OBTENIR

LE GRADE DE DOCTEUR ÈS SCIENCES MATHÉMATIQUES,

Par M. F. TISSERAND

1ʳᵉ **THÈSE.** — EXPOSITION, D'APRÈS LES PRINCIPES DE JACOBI, DE LA MÉTHODE SUIVIE PAR M. DELAUNAY DANS SA THÉORIE DU MOUVEMENT DE LA LUNE AUTOUR DE LA TERRE; EXTENSION DE LA MÉTHODE.

2ᵉ **THÈSE.** — PROPOSITIONS DONNÉES PAR LA FACULTÉ.

Soutenues le   Juin 1868, devant la Commission d'Examen.

MM. DELAUNAY, *Président.*
SERRET,
BRIOT.   *Examinateurs.*

PARIS,

GAUTHIER-VILLARS, IMPRIMEUR-LIBRAIRE

DE L'ÉCOLE IMPÉRIALE POLYTECHNIQUE, DU BUREAU DES LONGITUDES,

SUCCESSEUR DE MALLET-BACHELIER

Quai des Augustins, 55.

1868

V

THÈSES

PRÉSENTÉES

A LA FACULTÉ DES SCIENCES DE PARIS

POUR OBTENIR

LE GRADE DE DOCTEUR ÈS SCIENCES MATHÉMATIQUES,

Par M. F. TISSERAND.

1ʳᵉ THÈSE. — Exposition, d'après les principes de Jacobi, de la méthode suivie par M. Delaunay dans sa Théorie du Mouvement de la Lune autour de la Terre; extension de la méthode.

2ᵉ THÈSE. — Propositions données par la Faculté.

Soutenues le **Juin 1868, devant la Commission d'Examen.**

MM. DELAUNAY, *Président.*
SERRET,
BRIOT. } *Examinateurs.*

PARIS,

GAUTHIER-VILLARS, IMPRIMEUR-LIBRAIRE

DE L'ÉCOLE IMPÉRIALE POLYTECHNIQUE, DU BUREAU DES LONGITUDES,

SUCCESSEUR DE MALLET-BACHELIER,

Quai des Augustins, 55.

1868

ACADÉMIE DE PARIS

FACULTÉ DES SCIENCES DE PARIS.

DOYEN...................... MILNE EDWARDS, Professeur. Zoologie, Anatomie, Physiologie.

PROFESSEURS HONORAIRES
LEFÉBURE DE FOURCY.
DUMAS.
BALARD.

PROFESSEURS
DELAFOSSE............... Minéralogie.
CHASLES............... Géométrie supérieure.
LE VERRIER............ Astronomie.
DUHAMEL............... Algèbre supérieure.
LAMÉ.................. Calcul des probabilités, Physique mathématique.
DELAUNAY.............. Mécanique physique.
C. BERNARD............ Physiologie générale.
P. DESAINS............ Physique.
LIOUVILLE............. Mécanique rationnelle.
HÉBERT................ Géologie.
PUISEUX............... Astronomie.
DUCHARTRE............. Botanique.
JAMIN................. Physique.
SERRET................ Calcul différentiel et intégral.
PAUL GERVAIS.......... Anatomie, Physiologie comparée, Zoologie.
H. Ste-CLAIRE DEVILLE... Chimie (1er semestre).
PASTEUR............... Chimie (2e semestre).

AGRÉGÉS
BERTRAND.............
J. VIEILLE........... } Sciences mathématiques.
PELIGOT.............. Sciences physiques.

SECRÉTAIRE............. PHILIPPON.

PARIS. — IMPRIMERIE DE GAUTHIER-VILLARS, SUCCESSEUR DE MALLET-BACHELIER,
Rue de Seine-Saint-Germain, 10, près l'Institut.

PREMIÈRE THÈSE.

EXPOSITION, D'APRÈS LES PRINCIPES DE JACOBI,

De la méthode suivie par M. Delaunay dans sa Théorie du Mouvement de la Lune autour de la Terre;

EXTENSION DE LA MÉTHODE.

INTRODUCTION.

La Mécanique céleste a en vue deux problèmes principaux, la détermination des mouvements des centres de gravité des corps célestes, et celle des mouvements des mêmes corps autour de leurs centres de gravité. Ces deux problèmes sont d'une égale importance au point de vue de l'Astronomie; car les observations des planètes se font de la surface de la Terre, et sont relatives à des axes liés au mouvement de la Terre sur elle-même; on ne peut donc connaître les positions absolues, et, par suite, déterminer exactement les mouvements des planètes que si on a déterminé avec précision le mouvement de la Terre autour de son centre de gravité.

C'est pour résoudre le premier problème que fut imaginée la méthode de la *variation des constantes arbitraires,* méthode que Poisson appliqua heureusement ensuite au second problème.

Or, il arrive que la méthode de la variation des constantes arbitraires, si importante dans la *Mécanique céleste,* peut être présentée avec une extrême simplicité et une grande élégance, quand on part de la théorie d'Hamilton, perfectionnée par Jacobi. C'est donc à cette dernière théorie qu'il semble convenable de rattacher l'exposition des principes de la Mécanique céleste.

'Le premier des deux problèmes principaux dont je viens de parler présente un cas d'une grande importance : celui de la détermination du mouvement des satellites autour de leurs planètes, et en particulier du mouvement de la Lune autour de la Terre. Ce dernier problème offre de grandes difficultés, résultant de la grandeur de la fonction perturbatrice, et du peu de convergence des approximations successives. Dans ces dernières années, M. Delaunay a fait connaître une nouvelle méthode d'intégration, qui présente de grands avantages sur celles employées jusqu'ici, et qui doit donner lieu aux tables théoriques les plus précises du mouvement de la Lune.

C'est cette méthode d'intégration elle-même que je vais présenter d'après la méthode de Jacobi ; on verra qu'on peut le faire très-simplement.

Je montrerai en outre comment la méthode de M. Delaunay peut être généralisée, et appliquée à la détermination d'une partie importante des perturbations réciproques de deux planètes, particulièrement de Jupiter et de Saturne.

Tel est le but de ce travail.

PREMIÈRE PARTIE.

§ I. — *Principes fondamentaux.*

Je commence par rappeler les principes sur lesquels j'aurai à m'appuyer.

THÉORÈME I. — *Les équations d'un problème de dynamique dans lequel les liaisons sont indépendantes du temps, et où il existe une fonction des forces, peuvent être ramenées à la forme suivante, dite forme canonique :*

$$(1) \qquad \frac{dp_i}{dt} = -\frac{d\Omega}{dq_i}, \quad \frac{dq_i}{dt} = +\frac{d\Omega}{dp_i};$$

Ω désigne dans ces équations la différence entre la demi-force vive T et la fonction des forces U, de telle sorte que

$$\Omega = T - U.$$

Les variables q sont les variables principales réduites au plus petit nombre possible; la force vive $2T$ étant exprimée en fonction de ces variables q_i et de leurs dérivées $q'_i = \frac{dq_i}{dt}$, nous posons

$$p_i = \frac{dT}{dq'_i},$$

et nous introduisons les variables p_i au lieu des dérivées q'_i, en sorte que la force vive et la fonction Ω se trouvent exprimées par les variables p et q. Quant à l'indice i, il doit recevoir les valeurs $1, 2,\ldots,n$, si n est le nombre des variables q.

Le deuxième théorème que nous allons rappeler se rapporte à l'intégration des équations (1), ou même d'équations plus générales.

Théorème II. — *Soit proposé d'intégrer les $2n$ équations*

(2) $$\frac{dp_i}{dt} = -\frac{df}{dq_i}, \quad \frac{dq_i}{dt} = \frac{df}{dp_i},$$

dans lesquelles f désigne une fonction du temps et des variables p et q,
$f(t, q_1, q_2,\ldots, q_n, p_1, p_2,\ldots, p_n)$.

Il suffit de trouver une intégrale complète de l'équation aux dérivées partielles

$$\frac{dS}{dt} + f\left(t, q_1, q_2\ldots q_n, \frac{dS}{dq_1}, \frac{dS}{dq_2},\ldots, \frac{dS}{dq_n}\right) = 0,$$

c'est-à-dire une solution contenant n constantes arbitraires $\alpha_1, \alpha_2,\ldots,$ α_n, distinctes de celle qu'on peut toujours ajouter à S; moyennant quoi les intégrales des équations (2) seront

(3) $$\begin{cases} \frac{dS}{d\alpha_1} = \beta_1, & \frac{dS}{d\alpha_2} = \beta_2,\ldots & \frac{dS}{d\alpha_n} = \beta_n. \\ \frac{dS}{dq_1} = p_1, & \frac{dS}{dq_2} = p_2,\ldots, & \frac{dS}{dq_n} = p_n; \end{cases}$$

$\beta_1, \beta_2,\ldots, \beta_n$ *désignant n nouvelles constantes arbitraires.*

Ces équations (3) donneront, comme on voit, les $2n$ variables p et q en fonction du temps et des $2n$ constantes arbitraires $\alpha_1,\ldots, \alpha_n,$ $\beta_1,\ldots, \beta_n$.

2

Les théorèmes suivants se rapportent à la variation des constantes arbitraires.

Supposons que dans les équations (2) on remplace la fonction f par $f - V$, V étant une fonction du temps et des variables p et q, ce qui, dans les problèmes de dynamique, reviendra à ajouter à la fonction des forces U une fonction V dite *fonction perturbatrice*. On pourra supposer que les variables p et q restent les mêmes fonctions du temps et des quantités α, β, qui sont déterminées par les équations (3); mais alors les arbitraires α et β seront des variables dont le théorème suivant fera connaître les dérivées.

THÉORÈME III. — *Soient* $\alpha_1, \alpha_2, \ldots, \alpha_n, \beta_1, \beta_2, \ldots, \beta_n$ *les arbitraires introduites par l'intégration des équations* (1); *pour intégrer les équations qu'on déduit des équations* (1) *en remplaçant* f *par* $f - V$, *on prendra pour nouvelles variables les arbitraires* α *et* β, *et leurs dérivées seront données par les* $2n$ *équations*

$$(4) \qquad \frac{d\alpha_i}{dt} = \frac{dV}{d\beta_i}, \quad \frac{d\beta_i}{dt} = - \frac{dV}{d\alpha_i},$$

dans lesquelles V *est exprimée en fonction du temps et des nouvelles variables* α *et* β.

On voit donc que, quand on suit la méthode d'intégration de Jacobi, la théorie de la variation des arbitraires est d'une simplicité remarquable; les équations ont encore la *forme canonique*; aussi donne-t-on aux arbitraires α et β le nom d'*arbitraires canoniques*.

Il existe une infinité de systèmes d'arbitraires canoniques; lorsqu'un tel système est connu, on peut en obtenir une infinité d'autres au moyen du théorème suivant dû à Jacobi.

THÉORÈME IV — *Soient* α, β *un système d'arbitraires canoniques, et* ψ *une fonction arbitraire des arbitraires* α *et de* n *nouvelles variables* α'; *les* $2n$ *équations*

$$(5) \qquad \frac{d\psi}{d\alpha_i} = \beta_i, \quad \frac{d\psi}{d\alpha_i'} = \beta_i'$$

détermineront un nouveau système α', β' *qui sera également canonique.*

§ II. — Des équations d'où dépend le mouvement de la Lune autour de la Terre. — Mouvement elliptique.

Soient ox, oy, oz trois axes rectangulaires passant par le centre de la Terre, x, y, z les coordonnées du centre de la Lune, x', y', z' celles du centre du Soleil, m, m', M les masses de la Lune, du Soleil et de la Terre, R la fonction

$$(6) \quad R = m' \left[\frac{1}{\sqrt{(x'-x)^2 + (y'-y)^2 + (z'-z)^2}} - \frac{xx' + yy' + zz'}{r'^3} \right];$$

les équations du mouvement de la Lune seront

$$(a) \quad \begin{cases} \dfrac{d^2 x}{dt^2} + \mu \dfrac{x}{r^3} = \dfrac{dR}{dx}, \\[2mm] \dfrac{d^2 y}{dt^2} + \mu \dfrac{y}{r^3} = \dfrac{dR}{dy}, \\[2mm] \dfrac{d^2 z}{dt^2} + \mu \dfrac{z}{r^3} = \dfrac{dR}{dz}; \end{cases}$$

μ y désigne la somme $M + m$.

Si l'on supprime les seconds membres, on a les équations du mouvement elliptique

$$(\alpha) \quad \begin{cases} \dfrac{d^2 x}{dt^2} + \mu \dfrac{x}{r^3} = 0, \\[2mm] \dfrac{d^2 y}{dt^2} + \mu \dfrac{y}{r^3} = 0, \\[2mm] \dfrac{d^2 z}{dt^2} + \mu \dfrac{z}{r^3} = 0. \end{cases}$$

Nous allons nous occuper d'abord de l'intégration de ces équations, en suivant la méthode de Jacobi.

Nous prendrons des coordonnées polaires r, ψ et φ, le rayon vecteur, la longitude et la latitude géocentriques du centre de la Lune; on aura donc, pour lier les deux systèmes de coordonnées, les équations

$$x = r\cos\varphi\cos\psi, \quad y = r\cos\varphi\sin\psi, \quad z = r\sin\varphi.$$

On suppose que le plan des xy est le plan de l'écliptique, et que ox est la ligne des équinoxes.

2..

On trouve aisément que la demi-force vive exprimée avec les nouvelles variables est

$$T = \frac{1}{2}\left[\left(\frac{dr}{dt}\right)^2 + r^2\left(\frac{d\varphi}{dt}\right)^2 + r^2\cos^2\varphi\left(\frac{d\psi}{dt}\right)^2\right];$$

les variables p seront donc respectivement, d'après le théorème I
du § Ier,

$$\frac{dr}{dt}, \quad r^2\frac{d\varphi}{dt}, \quad r^2\cos^2\varphi\frac{d\psi}{dt},$$

et on voit que l'équation aux dérivées partielles d'où dépend le problème sera, d'après le même paragraphe,

$$(7)\qquad \frac{dS}{dt} + \frac{1}{2}\left[\left(\frac{dS}{dr}\right)^2 + \frac{1}{r^2}\left(\frac{dS}{d\varphi}\right)^2 + \frac{1}{r^2\cos^2\varphi}\left(\frac{dS}{d\psi}\right)^2\right] = \frac{\mu}{r}.$$

Il s'agit de trouver une solution de cette équation renfermant trois
constantes arbitraires C, G et H.

Or, l'équation (7) ne contenant explicitement ni le temps t, ni la
longitude ψ, on peut poser

$$S = -Ct + H\psi + S_{,},$$

$S_{,}$ étant une simple fonction de r et φ, et la question sera ramenée à
la recherche d'une solution de l'équation

$$\frac{1}{2}\left[\left(\frac{dS_{,}}{dr}\right)^2 + \frac{1}{r^2}\left(\frac{dS_{,}}{d\varphi}\right)^2 + \frac{H^2}{r^2\cos^2\varphi}\right] = \frac{\mu}{r} + C$$

contenant une seule arbitraire nouvelle; or on peut séparer l'équation précédente en deux autres, en posant

$$\left(\frac{dS_{,}}{d\varphi}\right)^2 + \frac{H^2}{\cos^2\varphi} = G^2,$$

$$\left(\frac{dS_{,}}{dr}\right)^2 = \frac{2\mu}{r} + 2C - \frac{G^2}{r^2},$$

G étant une constante; et l'on satisfait à ces équations en posant

$$S_{,} = \int\sqrt{G^2 - \frac{H^2}{\cos^2\varphi}}\,d\varphi + \int\sqrt{\frac{2\mu}{r} + 2C - \frac{G^2}{r^2}}\,dr;$$

on a, en conséquence,

$$(8) \quad S = - Ct + H\psi + \int \sqrt{G^2 - \frac{H^2}{\cos^2\varphi}}\, d\varphi + \int \sqrt{\frac{2\mu}{r} + 2C - \frac{G^2}{r^2}}\, dr.$$

Telle est la solution complète de l'équation (7) que nous voulions obtenir; elle contient les trois constantes arbitraires C, G, H.

Les intégrales du problème seront d'après le § I, en désignant par c, g, h trois nouvelles arbitraires,

$$c = \frac{dS}{dC}, \quad g = \frac{dS}{dG}, \quad h = \frac{dS}{dH},$$

ou bien

$$(9) \quad \begin{cases} t + c = \displaystyle\int \frac{dr}{\sqrt{\dfrac{2\mu}{r} + 2C - \dfrac{G^2}{r^2}}}, \\[3ex] g = G \displaystyle\int \frac{d\varphi}{\sqrt{G^2 - \dfrac{H^2}{\cos^2\varphi}}} - G \int \frac{dr}{r^2 \sqrt{\dfrac{2\mu}{r} + 2C - \dfrac{G^2}{r^2}}}, \\[3ex] h = \psi - H \displaystyle\int \frac{d\varphi}{\cos^2\varphi \sqrt{G^2 - \dfrac{H^2}{\cos^2\varphi}}}. \end{cases}$$

Il importe de rechercher la signification géométrique de nos six constantes C, G, H, c, g, h.

Il est clair qu'en égalant à zéro le radical $\sqrt{\dfrac{2\mu}{r} + 2C - \dfrac{G^2}{r^2}}$, on aura les rayons vecteurs maxima et minima de l'orbite. Soient ces deux rayons $a(1 - e)$ et $a(1 + e)$: ce seront les deux racines de l'équation

$$2Cr^2 + 2\mu r - G^2 = 0;$$

on aura donc

$$\frac{\mu}{C} = -2a, \quad -\frac{G^2}{2C} = a^2(1 - e^2);$$

d'où, en désignant par p le demi-paramètre,

$$C = -\frac{\mu}{2a}, \quad G = \sqrt{\mu a(1 - e^2)} = \sqrt{\mu p}.$$

De même, en égalant à zéro le radical $\sqrt{G^2 - \dfrac{H^2}{\cos^2\varphi}}$, on aura la plus grande valeur de la latitude φ : c'est évidemment l'inclinaison i de l'orbite. On a donc

$$H = G\cos i \quad \text{ou} \quad H = \sqrt{\mu p}\cos i.$$

Avant de chercher la signification géométrique des trois autres constantes, il convient de fixer les limites inférieures des intégrales qui entrent dans l'expression (8) de S. Nous ferons commencer l'intégrale relative à φ à partir de $\varphi = 0$, et celle relative à r à partir du périgée, c'est-à-dire à partir de $r = a(1 - e)$.

Comme l'élément différentiel $\sqrt{\dfrac{2\mu}{r} + 2C - \dfrac{G^2}{r^2}}\,dr$ s'annule pour cette limite inférieure, les dérivées $\dfrac{dS}{dC}$ et $\dfrac{dS}{dG}$ ne seront pas changées, bien que la limite inférieure soit une fonction de C et G; nous aurons donc pour les intégrales

$$(9\ bis)\left\{
\begin{aligned}
t + c &= \int_{a(1-e)}^{r} \frac{dr}{\sqrt{\dfrac{2\mu}{r} + 2C - \dfrac{2G^2}{r^2}}}, \\[2mm]
g &= G\int_{0}^{\varphi} \frac{d\varphi}{\sqrt{G^2 - \dfrac{H^2}{\cos^2\varphi}}} - G\int_{a(1-e)}^{r} \frac{dr}{r^2\sqrt{\dfrac{2\mu}{r} + 2C - \dfrac{2G^2}{r^2}}}, \\[2mm]
h &= \psi - H\int_{0}^{\varphi} \frac{d\varphi}{\cos^2\varphi\sqrt{G^2 - \dfrac{H^2}{\cos^2\varphi}}}.
\end{aligned}
\right.$$

Si dans la première de ces formules on fait la limite supérieure r égale à $a(1 - e)$, on a

$$c = -\tau,$$

τ désignant le temps du passage au périgée.

Si dans la troisième on fait $\varphi = 0$, ce qui répond au nœud, on a

$$h = \psi.$$

Donc h est la longitude du nœud.

Enfin si, dans la seconde des mêmes formules, on suppose que les limites supérieures répondent au périgée, au aura, en désignant sa latitude par φ_i,

$$g = G \int_0^{\varphi_i} \frac{d\varphi}{\sqrt{G^2 - \dfrac{H^2}{\cos^2\varphi}}} = \int_0^{\varphi_i} \frac{\cos\varphi \, d\varphi}{\sqrt{\sin^2 i - \sin^2\varphi}}.$$

Si l'on fait $\sin\varphi = \sin i \sin\eta$, η sera, comme on le voit aisément, l'argument de la latitude, et l'on aura

$$g = \eta_i.$$

Donc g est l'argument de la latitude du périgée.

Soit donc xy le plan fixe, $N\Pi$ l'orbite de la Lune, N le nœud ascendant de l'orbite, Π son périgée; on aura les valeurs des six constantes par les formules suivantes :

$$C = -\frac{\mu}{2a}, \quad G = \sqrt{\mu p}, \quad H = \sqrt{\mu p} \cos i;$$
$$c = -\tau, \quad g = N\Pi, \quad h = xN.$$

§ III. — *Équations du mouvement troublé.*

Si dans les équations (α) du paragraphe précédent on rétablit les seconds membres, on a les équations (a) du mouvement troublé. La fonction R, qui dépendait de x, y, z, x', y', z', va devenir une fonction connue de x', y', z', c'est-à-dire du temps t et des constantes C, G, H, c, g, h; car x, y, z dépendent de r, ψ et φ, et ces dernières quantités sont, par les équations (9 *bis*), des fonctions connues du temps et des six constantes.

Ces six arbitraires seront alors de nouvelles variables, et la théorie de Jacobi nous apprend que les dérivées de ces variables seront données par les équations

$$(10) \quad \begin{cases} \dfrac{dC}{dt} = \dfrac{dR}{dc}, & \dfrac{dc}{dt} = -\dfrac{dR}{dC}; \\[2mm] \dfrac{dG}{dt} = \dfrac{dR}{dg}, & \dfrac{dg}{dt} = -\dfrac{dR}{dG}; \\[2mm] \dfrac{dH}{dt} = \dfrac{dR}{dh}, & \dfrac{dh}{dt} = -\dfrac{dR}{dH}; \end{cases}$$

Avant d'aller plus loin, faisons une application de ces formules, en supposant que la fonction perturbatrice R soit une fonction du rayon vecteur r seulement, $F(r)$. La première des équations (9 *bis*) montre que r ne dépend que du temps t et des constantes c, C et G; il en est donc de même aussi de R, et par suite on a

$$\frac{dR}{dg} = 0, \quad \frac{dR}{dh} = 0, \quad \frac{dR}{dH} = 0;$$

les équations (10) donneront donc

$$G = \text{const.}, \quad H = \text{const.}, \quad h = \text{const.}$$

Donc une telle fonction perturbatrice laisse invariables la longitude du nœud, l'inclinaison de l'orbite, ce qui était évident, mais en outre le paramètre de l'orbite. Le grand axe et l'excentricité varient de façon que $\sqrt{a(1 - e^2)}$ reste constant (au moins dans la première approximation).

Cette application présente un certain intérêt historique. Quand on commença à appliquer l'analyse à la recherche des inégalités de la Lune, le mouvement du périgée calculé fut notablement différent du mouvement observé; cela conduisit Clairaut à supposer que l'attraction de la Terre sur la Lune se composait de deux parties : l'une, de beaucoup la plus forte, inversement proportionnelle au carré de la distance; l'autre, beaucoup plus faible, inversement proportionnelle au cube de la distance. La fonction perturbatrice était donc de la forme $\frac{A}{r^2}$: elle rentre dans le cas que l'on vient d'examiner. On voit que l'addition de ce terme avait pour effet de modifier le grand axe, l'excentricité, le périgée et la longitude moyenne de la Lune; mais elle laissait le paramètre de l'orbite invariable.

Revenons à la question qui nous occupe.

Les équations (10) présentent un grave inconvénient. On sait que, dans le mouvement elliptique, les coordonnées x, y, z sont des fonctions périodiques de $n(t + c)$, n étant le moyen mouvement de la Lune; un terme quelconque de la fonction perturbatrice sera donc de la forme

$$A \cos[kn(t + c) + q],$$

k étant un nombre entier, q une constante et A une fonction de C, G, H. Quant à la quantité n, elle est donnée par l'équation

$$n^2 a^3 = \mu, \quad \text{d'où} \quad n = \sqrt{\frac{\mu}{a^3}}.$$

Or, on a

$$a = \frac{-\mu}{2\,C};$$

donc

$$n = \sqrt{\frac{-8\,C^3}{\mu^2}}.$$

n est donc une fonction de C, et on voit que quand on voudra appliquer les formules (10), en formant la dérivée partielle $\frac{dR}{dC}$, le temps sortira des signes sin et cos, ce qui empêcherait les formules de s'appliquer indéfiniment et s'opposerait à la construction des Tables.

On évitera cet inconvénient en prenant au lieu de c la variable l définie par l'équation

$$(b) \qquad\qquad l = n(t + c),$$

on voit que l est l'anomalie moyenne. On aura, en désignant par $\left(\frac{dR}{dC}\right)$ la dérivée partielle prise sans faire varier C dans $n(t + c)$,

$$\frac{dR}{dC} = \left(\frac{dR}{dC}\right) + \frac{dR}{dl}(t + c)\frac{dn}{dC},$$

par suite,

$$\frac{dc}{dt} = -\left(\frac{dR}{dC}\right) - \frac{dR}{dl}(t + c)\frac{dn}{dC}.$$

On a du reste, d'après la formule (b),

$$\frac{dl}{dt} = n + n\frac{dc}{dt} + (t + c)\frac{dn}{dC}\frac{dC}{dt},$$

ou, en remplaçant $\frac{dC}{dt}$ par $\frac{dR}{dc}$, ou $\frac{dR}{dl}n$,

$$\frac{dl}{dt} = n + n\frac{dc}{dt} + n(t + c)\frac{dR}{dl}\frac{dn}{dC};$$

3

ou bien, en remettant pour $\frac{dc}{dt}$ la valeur trouvée précédemment, il vient

$$\frac{dl}{dt} = n - n\left(\frac{dR}{dC}\right);$$

dans cette expression de $\frac{dl}{dt}$, le temps ne sortira plus des signes sin ou cos. Les deux équations

$$\frac{dC}{dt} = \frac{dR}{dc}, \quad \frac{dc}{dt} = -\frac{dR}{dC}$$

se trouvent donc remplacées par les deux suivantes

$$(11) \qquad \frac{dC}{dt} = n\frac{dR}{dl}, \quad \frac{dl}{dt} = n - n\left(\frac{dR}{dC}\right).$$

Nos six éléments sont donc actuellement

$$C, \ G, \ H, \ l, \ g, \ h.$$

Mais les deux équations (11) n'ont plus la forme canonique; nous les y ramènerons en posant

$$\frac{dC}{n} = dL,$$

L étant une nouvelle variable. On peut écrire cette équation

$$dL = \sqrt{\mu}\,\frac{da}{2\sqrt{a}}, \quad \text{d'où} \quad L = \sqrt{\mu a},$$

et les deux équations (11) deviennent

$$(11\ bis) \qquad \frac{dL}{dt} = \frac{dR}{dl}, \quad \frac{dl}{dt} = n - \frac{dR}{dL};$$

la dérivée partielle $\frac{dR}{dL}$ doit être prise sans faire varier L ou a sous les signes sin et cos; mais c'est une chose déjà entendue, puisque partout on a remplacé $n(t+c)$ par l.

Si l'on pose enfin

$$R = R' + C,$$

on aura

$$\frac{dR'}{dL} = \frac{dR}{dL} - \frac{dC}{dL} = \frac{dR}{dL} - n;$$

on aura, en outre,

$$\frac{dR'}{dt} = \frac{dR}{dl},$$

et les deux équations (11 *bis*) deviendront

$$\frac{dL}{dt} = \frac{dR'}{dl}, \quad \frac{dl}{dt} = -\frac{dR'}{dL}.$$

En résumé, les formules (10) peuvent être remplacées par les suivantes :

(12)
$$\begin{cases} \frac{dL}{dt} = \frac{dR}{dl}, & \frac{dl}{dt} = -\frac{dR}{dL}; \\ \frac{dG}{dt} = \frac{dR}{dg}, & \frac{dg}{dt} = -\frac{dR}{dG}; \\ \frac{dH}{dt} = \frac{dR}{dh}, & \frac{dh}{dt} = -\frac{dR}{dH}; \end{cases}$$

la fonction R est égale à l'ancienne diminuée de C, ou bien augmentée de $\frac{\mu}{2a}$. Toute la question consiste actuellement dans l'intégration des équations (12).

§ IV. — *Forme du développement de* R. — *Aperçu sommaire de la méthode de* **M**. *Delaunay*.

Le développement ordinaire de la fonction perturbatrice, celui qui est donné dans la *Mécanique céleste,* se compose de termes tels que

$$A \cos\theta,$$

où θ est de la forme

$$il + i'l' + j\varpi + j'\varpi' + k\theta + k'\theta',$$

i, i', j, j', k, k' étant des nombres entiers, l la longitude moyenne de

3..

la Lune, l' celle du Soleil ; ϖ et θ sont les longitudes du périgée et du nœud de l'orbite de la Lune, ϖ' et θ' les quantités analogues pour l'orbite apparente du Soleil autour de la Terre.

Dans la théorie actuelle, on devra remplacer

$$l \text{ par } h + g + l, \quad \varpi \text{ par } h + g, \quad \theta \text{ par } h\,;$$

on considérera, du reste, les éléments du Soleil comme des constantes, de telle sorte que si n' désigne le moyen mouvement du Soleil, θ sera de la forme

$$\theta = il + i'g + i''h + i'''n't + q,$$

q étant une constante.

A, dans la théorie ordinaire, est une fonction de a, e et i ; on fera ici

$$\gamma = \sin \frac{i}{2}, \quad \text{d'où} \quad \sin i = 2\gamma \sqrt{1 - \gamma^2}, \quad \cos i = 1 - 2\gamma^2.$$

On gardera les éléments a, e et γ dans A, afin de pouvoir juger plus facilement de l'ordre du terme considéré ; mais on devra se rappeler que ces éléments sont liés à L, G, H par les relations suivantes

$$a = \frac{L^2}{\mu}, \quad e = \sqrt{1 - \frac{G^2}{L^2}}, \quad \gamma = \sqrt{\frac{1}{2} - \frac{H}{2G}}.$$

Mettons sous les yeux, pour plus de clarté, la partie constante de la fonction perturbatrice et un de ses termes périodiques :

$$
\begin{aligned}
R = {} & \frac{\mu}{2a} + m' \frac{a^2}{a'^3} \left(\frac{1}{4} - \frac{3}{2}\gamma^2 + \frac{3}{8}e^2 + \frac{3}{8}e'^2 + \frac{3}{2}\gamma^4 \right. \\
& \left. \qquad\qquad - \frac{9}{4}\gamma^2 e^2 - \frac{9}{4}\gamma^2 e'^2 + \frac{9}{16}e^2 e'^2 + \frac{9}{64}\frac{n^2}{a'^2} \right) \\
& + m' \frac{n^2}{a'^3} \left(\frac{3}{4} - \frac{3}{2}\gamma^2 - \frac{15}{8}e^2 - \frac{15}{8}e'^2 + \frac{3}{4}\gamma^4 \right. \\
& \left. \qquad + \frac{15}{4}\gamma^2 e^2 + \frac{15}{4}\gamma^2 e'^2 + \frac{69}{64}e^4 + \frac{75}{16}e^2 e'^2 + \frac{5}{16}\frac{a^2}{a'^2} \right) \\
& \times \cos \left(2l + 2g + 2h - 2l' + q \right).
\end{aligned}
$$

On a poussé le calcul jusqu'aux termes du quatrième ordre, en regardant $\frac{a}{a'}$ comme une quantité du second ordre ; la constante q a pour

valeur

$$q = 2g' + 2h'.$$

On ne voit pas figurer dans les coefficients la quantité γ' relative au Soleil, ce qui tient à ce qu'on a pris pour plan fixe des xy le plan de l'écliptique dont on néglige les variations.

Donnons en peu de mots le principe de la méthode de M. Delaunay.

On réduit la fonction perturbatrice à son terme constant et à un de ses termes périodiques; il arrive que les équations (12) peuvent s'intégrer rigoureusement, ce qui supprime les approximations successives relativement aux termes considérés. On peut se demander alors s'il ne serait pas possible de tirer parti de cette circonstance, et de ramener le problème à un autre du même genre, dans lequel la fonction perturbatrice contiendrait un terme de moins.

Ayant effectué les intégrations du cas précédent, on regarde les arbitraires de cette intégration comme de nouvelles variables, et il arrive que ces nouvelles variables dépendent d'équations de même forme que les précédentes; seulement, la fonction perturbatrice ne contient plus le terme périodique qu'on avait considéré. On conçoit donc la possibilité d'enlever de la fonction perturbatrice les termes les plus importants, après quoi on calculera l'effet des autres termes par la méthode ordinaire.

Considérons donc spécialement un terme périodique de la fonction perturbatrice, et sa partie non périodique, et posons

$$R = -B - A\cos(il + i'g + i''h + i'''n't + q) + R_1 :$$

nous allons négliger R_1 et intégrer les équations (12) dans cette hypothèse.

§ V. — *Intégration des équations* (12) *en négligeant* R_1.

On a donc

$$R = -B - A\cos\theta,$$

en posant, pour abréger,

$$\theta = il + i'g + i''h + i'''n't + q;$$

B et A sont des fonctions connues de L, G, H.

D'après le théorème II du § Ier, l'intégration des équations (12) dépend de la recherche d'une solution complète de l'équation aux dérivées partielles

$$(13) \quad \frac{dS}{dt} - B - A \cos\left(i\frac{dS}{dL} + i'\frac{dS}{dG} + i''\frac{dS}{dH} + i'''n't + q\right) = 0,$$

c'est-à-dire d'une solution avec trois constantes arbitraires.

Pour nous débarrasser du temps, désignons par C une constante arbitraire, par S_1 une simple fonction de L, G, H, et posons

$$(14) \qquad S = Ct - \frac{i'''}{i}n'tL - \frac{q}{i}L + S_1.$$

L'équation (13) deviendra

$$C - \frac{i'''}{i}n'L - B = A \cos\left(i\frac{dS_1}{dL} + i'\frac{dS_1}{dG} + i''\frac{dS_1}{dH}\right),$$

ou, en faisant

$$B_1 = B + \frac{i'''}{i}n'L,$$

$$(13\ bis) \qquad i\frac{dS_1}{dL} + i'\frac{dS_1}{dG} + i''\frac{dS_1}{dH} = \text{arc} \cos\frac{C - B_1}{A};$$

le second membre de cette équation est une fonction de L, G, H et de la constante C, et nous avons à trouver une solution de cette équation avec deux constantes arbitraires.

A la place des variables G et H, introduisons les nouvelles variables (G) et (H) définies par les équations

$$(15) \qquad G = \frac{i'}{i}L + (G), \quad H = \frac{i''}{i}L + (H).$$

S_1 deviendra une fonction de L, (G), (H), ainsi que le second membre de l'équation (13 bis); on voit immédiatement que le premier membre de cette équation sera $i\left(\frac{dS_1}{dL}\right)$, les parenthèses devant éviter de confondre la dérivée de S_1, prise par rapport à L dans l'hypothèse actuelle, avec l'ancienne dérivée $\frac{dS_1}{dL}$; l'équation (13 *bis*) sera donc

$$(14) \qquad i\left(\frac{dS_1}{dL}\right) = \text{arc cos} \frac{C - B_1}{A};$$

elle ne contient pas les dérivées partielles de S_1 relatives aux variables (G) et (H); on aura donc

$$S_1 = \int \text{arc cos} \frac{C - B_1}{A} \frac{dL}{i} + \text{une fonction arbitraire de (G) et (H)};$$

nous ferons, en désignant par (g) et (h) deux nouvelles constantes arbitraires,

$$S_1 = \int \text{arc cos} \frac{C - B_1}{A} \frac{dL}{i} + (g)(G) + (h)(H).$$

L'intégrale qui figure dans l'expression précédente de S_1 est une fonction de L, (G), (H) et de la constante C. Désignons-la par

$$K[L, (G), (H), C],$$

de telle sorte que

$$K[L, (G), (H), C] = \int \text{arc cos} \frac{C - B_1}{A} \frac{dL}{i};$$

on aura alors, en se reportant à l'équation (14),

$$S = Ct - \frac{i'''}{i} n't L - \frac{q}{i} L + K[L, (G), (H), C] + (g)(G) + (h)(H),$$

ou bien, en revenant aux anciennes variables (G) et (H), par les formules (15),

$$(16) \quad \begin{cases} S = Ct - \dfrac{i'''}{i} n't L - \dfrac{q}{i} L + K\left[L, G - \dfrac{i'}{i} L, H - \dfrac{i''}{i} L, C\right] \\ \qquad + (g)\left(G - \dfrac{i'}{i} L\right) + (h)\left(H - \dfrac{i''}{i} L\right). \end{cases}$$

Telle est la solution complète de l'équation (13) que nous cherchions : elle contient les trois constantes arbitraires C, (g) et (h).

D'après le théorème II du § 1er, les intégrales des équations (12) seront données par les formules suivantes :

$$(17) \quad \begin{cases} \dfrac{dS}{dC} = -c, & \dfrac{dS}{d(g)} = \text{const.}, & \dfrac{dS}{d(h)} = \text{const.}, \\[2mm] \dfrac{dS}{dL} = l, & \dfrac{dS}{dG} = g, & \dfrac{dS}{dH} = h, \end{cases}$$

c désignant une nouvelle constante.

La deuxième et la troisième de ces formules montrent que (G) et (H) sont des constantes. Nous continuerons à les désigner par les mêmes lettres : la première donne, en ayant égard à la valeur (16) de S_1,

$$- (t + c) = \frac{dK}{dC};$$

la dernière et l'avant-dernière donnent

$$g = (g) + \frac{dK}{d(G)}, \quad h = (h) + \frac{dK}{d(H)}.$$

On suppose dans ces formules la fonction K exprimée à l'aide de L et des trois constantes (G), (H), C.

Enfin la quatrième des équations (17) revient, comme on s'en assure aisément, à

$$il + i'g + i''h + i'''n't + q = \theta = i \frac{dK}{dL}.$$

Les intégrales des équations (12) seront donc

$$(18) \quad \begin{cases} G = \dfrac{i'}{i} L + (G), \quad H = \dfrac{i''}{i} L + (H), \\[2mm] - (t + c) = \dfrac{dK}{dC}, \quad g = (g) + \dfrac{dK}{d(G)}, \quad h = (h) + \dfrac{dK}{d(H)}, \\[2mm] \theta = il + i'g + i''h + i'''n't + q = i \dfrac{dK}{dL}; \end{cases}$$

elles contiennent les six constantes arbitraires C, (G), (H), c, (g), (h); il faut se rappeler que la fonction K est définie par la formule

$$K = \int \arccos \frac{C - B_1}{A} \frac{dL}{i}$$

et il est à peine nécessaire d'ajouter que, dans l'élément différentiel, G et H doivent être remplacés par leurs valeurs tirées des deux premières formules (18).

Ces formules (18) déterminent donc nos six variables L, G, H, l, g, h en fonction du temps et des six constantes C, (G), (H), c, (g), (h); la troisième formule donne L, après quoi la première et la seconde donnent G et H; la quatrième et la cinquième donnent g et h; enfin la dernière donne l.

§ VI. — *Variation des arbitraires introduites par l'intégration précédente.*

Revenons aux équations (12) et rétablissons-y R_1. Posons donc

$$R = -B - A\cos\theta + R_1.$$

Les expressions de L, G, H, l, g, h seront encore celles qui sont données par les formules (18); seulement les arbitraires seront de nouvelles variables. Comme nous avons intégré en suivant la méthode de Jacobi, nous pourrons, en appliquant le théorème III du § Ier, former très-aisément les équations d'où dépendent les dérivées des nouvelles variables.

Remarquons, à cet effet, que les quantités désignées par α dans le théorème cité sont ici

$$C, (g), (h);$$

les quantités désignées par β sont

$$-c, (G), (H);$$

enfin, la fonction V doit être remplacée par $-R_1$. Nous aurons donc ces équations

$$(19) \quad \begin{cases} \dfrac{dC}{dt} = \dfrac{dR_1}{dc}, & \dfrac{dc}{dt} = -\dfrac{dR_1}{dC}; \\[2mm] \dfrac{d(G)}{dt} = \dfrac{dR_1}{d(g)}, & \dfrac{d(g)}{dt} = -\dfrac{dR_1}{d(G)}; \\[2mm] \dfrac{d(H)}{dt} = \dfrac{dR_1}{d(h)}, & \dfrac{d(h)}{dt} = -\dfrac{dR_1}{d(H)}. \end{cases}$$

4

La fonction R_1, qui dépendait primitivement de L, G, H, l, g, h, est supposée maintenant exprimée en fonction du temps t, et des six constantes C, (G), (H), c, (g), (h) d'après les formules (18).

On voit donc que les nouvelles variables dépendent d'équations (19) toutes pareilles aux équations (12); seulement R y est remplacé par R_1. On a enlevé de la fonction perturbatrice la partie $-B - A\cos\theta$.

Avant d'aller plus loin, il convient d'examiner sous quelle forme se présentera la fonction R_1, comme nous l'avons fait à l'égard de R au § IV, et pour cela il faut commencer par examiner les expressions de L, G, H, l, g, h fournies par les équations (18).

Reprenons la formule

$$-(t + c) = \frac{dK}{dC},$$

qui devient, en remplaçant K par sa valeur,

$$(20) \qquad t + c = \int \frac{\frac{dL}{i}}{\sqrt{A^2 - (C - B_1)^2}};$$

d'où

$$(21) \qquad \frac{1}{i}\frac{dL}{dt} = \sqrt{A^2 - (C - B_1)^2}.$$

Comme on a $L = \sqrt{\mu.a}$, et que a varie entre certaines limites, il en est de même de L : cette quantité oscille entre deux limites, et chaque fois qu'elle atteint une de ces limites, on a $\frac{dL}{dt} = 0$. Soient donc $\mathcal{L}'$ et $\mathcal{L}''$ les deux limites de L : la première limite sera donnée par l'équation $C - B_1 = +A$, et la seconde par l'équation $C - B_1 = -A$.

Convenons que la limite inférieure de l'intégrale K soit $\mathcal{L}'$; cette limite sera une certaine fonction de C, (G), (H), et il n'y aura pas à craindre que cela change les dérivées partielles

$$\frac{dK}{dC}, \quad \frac{dK}{d(G)}, \quad \frac{dK}{d(H)},$$

car l'élément différentiel de K s'annule pour $\mathcal{L}'$.

Cela posé, la formule (20) montre que pour $L = \mathcal{L}'$ on a

$$t + c = 0;$$

en outre, si l'on pose

$$\frac{\pi}{\theta_0} = \int_{\mathcal{L}'}^{\mathcal{L}''} \frac{d\mathrm{L}}{i\sqrt{\mathrm{A}^2 - (\mathrm{C} - \mathrm{B}_1)^2}};$$

on aura, pour $\mathrm{L} = \mathcal{L}''$,

$$t + c = \frac{\pi}{\theta_0}.$$

Quand L a atteint la valeur $\mathcal{L}''$, il revient vers $\mathcal{L}'$; $d\mathrm{L}$ est négative, le signe du radical $\sqrt{\mathrm{A}^2 - (\mathrm{C} - \mathrm{B}_1)^2}$ change : pour $\mathrm{L} = \mathcal{L}'$, on aura

$$t + c = \frac{2\pi}{\theta_0};$$

pour $\mathrm{L} = \mathcal{L}''$, on aura

$$t + c = \frac{3\pi}{\theta_0}.$$

Donc L est une fonction périodique de $t + c$, et la période est $\frac{2\pi}{\theta_0}$, ou bien L est une fonction périodique de $\theta_0(t + c)$, et la période est 2π. On sait qu'une pareille fonction est développable en une série de sinus et cosinus des multiples de l'angle $\theta_0(t + c)$. Du reste, on voit aisément qu'à des valeurs de L, équidistantes de $\mathcal{L}''$, répondent des valeurs de $t + c$ de la forme

$$\frac{\pi}{\theta_0} - \alpha \quad \text{et} \quad \frac{\pi}{\theta_0} + \alpha,$$

ou bien des valeurs de $\theta_0(t + c)$ de la forme

$$\pi - \beta \quad \text{et} \quad \pi + \beta.$$

Lors donc que $\theta_0(t + c)$ prend deux semblables valeurs, L doit rester le même, ce qui exige que L ne contienne que des cosinus; ainsi, son expression est de la forme

$$\mathrm{L} = \mathrm{L}_0 + \mathrm{L}_1 \cos\theta_0(t + c) + \mathrm{L}_2 \cos 2\theta_0(t + c) + \ldots.$$

4..

Les deux premières formules (18) montrent que l'on aura

$$G = G_0 + G_1 \cos \theta_0 (t + c) + G_2 \cos 2\theta_0 (t + c) + \dots,$$
$$H = H_0 + H_1 \cos \theta_0 (t + c) + H_2 \cos 2\theta_0 (t + c) + \dots,$$

avec les relations

$$G_0 = \frac{i'}{i} L_0 + (G), \quad G_1 = \frac{i'}{i} L_1, \quad G_2 = \frac{i'}{i} L_2;$$
$$H_0 = \frac{i''}{i} L_0 + (H), \quad H_1 = \frac{i''}{i} L_1, \quad H_2 = \frac{i''}{i} L_2.$$

On a ainsi les développements de L, G, H, dans lesquels θ_0, L, L_1,..., expriment des fonctions de C, (G), (H).

De même, on a

$$g = (g) + \frac{dK}{d(G)} = (g) + \int \left[\frac{dA}{d(G)} \frac{C - B_1}{A} + \frac{dB_1}{d(G)} \right] \frac{dL}{i \sqrt{A^2 - (C - B_1)^2}},$$

ou bien, en remplaçant dL par sa valeur tirée de la formule (21),

$$g = (g) + \int \left[\frac{dA}{d(G)} \frac{C - B_1}{A} + \frac{dB_1}{d(G)} \right] dt.$$

Or l'élément différentiel est une simple fonction de L, par conséquent développable en série de cosinus des multiples de l'angle $\theta_0 (t + c)$; en intégrant, on en tirera

$$g = (g) + g_0 (t + c) + g_1 \sin \theta_0 (t + c) + g_2 \sin 2\theta_0 (t + c) + \dots.$$

On n'a pas de constante à ajouter, car, pour $L = \zeta'$, on a $t + c = 0$ et $g = (g)$, d'après la manière dont on a fixé la limite inférieure de l'ntégrale K.

On aura de même

$$h = (h) + h_0 (t + c) + h_1 \sin \theta_0 (t + c) + h_2 \sin 2\theta_0 (t + c) + \dots.$$

Quant à la variable θ, l'équation

$$\theta = \text{arc} \cos \frac{C - B_1}{A}$$

donne

$$\frac{d\theta}{dt} = i\left(\frac{d\,\mathrm{B}_1}{d\mathrm{L}} + \frac{\mathrm{C} - \mathrm{B}_1}{\mathrm{A}}\frac{d\mathrm{A}}{d\mathrm{L}}\right);$$

on aura donc de même

$$\theta = \alpha(t+c) + \theta_1\sin\theta_0(t+c) + \theta_2\sin 2\theta_0(t+c) + \ldots,$$

α, θ_1, θ_2,…, désignant de certaines fonctions de C, (G), (H).

Or pour L $= \mathcal{L}'$, on a

$$\mathrm{C} - \mathrm{B}_1 = +\mathrm{A}, \quad \cos\theta = +1, \quad t+c = 0;$$

et pour L $= \mathcal{L}''$,

$$\mathrm{C} - \mathrm{B}_1 = -\mathrm{A}, \quad \cos\theta = -1, \quad t+c = \frac{\pi}{\theta_0}.$$

L'angle θ, de sa nature, augmentant sans cesse, on voit que pour $t + c = 0$, on a

$$\theta = 0,$$

et pour $t + c = \frac{\pi}{\theta_0}$,

$$\theta = \pi,$$

ce qui suffit pour montrer que dans la formule précédente α est égal à θ_0, et qu'il n'y a pas de constante à ajouter à θ.

Si l'on reporte les valeurs précédentes dans l'équation

$$il + i'g + i''h + i'''n't + q = \theta,$$

on aura pour l une expression telle que

$$l = (l) + l_0(t+c) + l_1\sin\theta_0(t+c) + l_2\sin 2\theta_0(t+c) + \ldots,$$

avec les relations

$$i(l) + i'(g) + i''(h) - i'''n'c + q = 0,$$
$$il_0 + i'g_0 + i''h_0 + i'''n' = \theta_0,$$
$$il_1 + i'g_1 + i''h_1 = \theta_1,$$
$$\cdots\cdots\cdots\cdots\cdots\cdots\cdots$$

On peut comprendre les résultats qui précèdent dans le tableau suivant :

$$(22) \begin{cases} L = L_0 + L_1 \cos\theta_0 (t + c) + \ldots, \\ G = G_0 + G_1 \cos\theta_0 (t + c) + \ldots, \\ H = H_0 + H_1 \cos\theta_0 (t + c) + \ldots, \\ l = (l) + l_0 (t + c) + l_1 \sin\theta_0 (t + c) + \ldots, \\ g = (g) + g_0 (t + c) + g_1 \sin\theta_0 (t + c) + \ldots, \\ h = (h) + h_0 (t + c) + h_1 \sin\theta_0 (t + c) + \ldots, \\ \theta = \theta_0 (t + c) + \theta_1 \sin\theta_0 (t + c) + \ldots, \\ G_0 = \frac{i'}{i} L_0 + (G), \quad G_1 = \frac{i'}{i} L_1, \ldots, \\ H_0 = \frac{i''}{i} L_0 + (H), \quad H_1 = \frac{i''}{i} L_1, \ldots, \\ i(l) + i'(g) + i''(h) - i'''n'c + q = 0, \\ il_0 + i'g_0 + i''h_0 + i'''n' = \theta_0, \\ il_1 + i'g_1 + i''h_1 = \theta_1, \end{cases}$$

les coefficients $\theta_0, \ldots, g_0, \ldots, h_0, \ldots, l_0, \ldots, G_0, \ldots, H_0, \ldots, L_0, \ldots$ sont des fonctions des arbitraires C, (G) et (H).

§ VII. — *Nouveau changement d'arbitraires.*

On aura à substituer les valeurs précédentes de L, G, H, l, g, h dans la fonction R_1. Dans les cosinus tels que $\cos(il + i'g + i''h + i'''n't + q)$, on pourra réduire g, h, l à leurs parties non périodiques ; les coefficients de ces cosinus seront développés en série par la formule de Taylor, et on voit ainsi que l'un quelconque des termes de R_1 sera de la forme

$$A \cos | i [(l) + l_0 (t + c)] + i' [(g) + g_0 (t + c)] \\ + i'' [(h) + h_0 (t + c)] + i'''n' (t + c) + q |.$$

Mais, quand on voudra appliquer les formules (19), comme l_0, g_0,

h_0 sont des fonctions de C, (G), (H), on voit que les dérivées partielles

$$\frac{dR_1}{dC}, \quad \frac{dR_1}{d(G)}, \quad \frac{dR_1}{d(H)}$$

feront sortir le temps des signes sin et cos, ce qui est un grave inconvénient. Nous l'éviterons en substituant aux arbitraires C, (G), (H),
$c, (g), (h)$ de nouvelles quantités convenablement choisies. Nous
choisirons ces arbitraires de façon que le temps ne sorte plus des
signes sin et cos, et que les équations aient encore la forme canonique. Avant d'aller plus loin, faisons subir aux équations (19) une
légère transformation, en remplaçant la quantité c par la variable τ,
telle que l'on ait

$$t + c = \tau;$$

on aura

$$1 + \frac{dc}{dt} = \frac{d\tau}{dt}, \quad \text{ou bien} \quad \frac{d\tau}{dt} = 1 - \frac{dR_1}{dC}.$$

Si donc on pose $R_1 - C = R'$, on aura

$$\frac{d\tau}{dt} = -\frac{dR'}{dC};$$

on a, du reste,

$$\frac{dR_1}{dC} = \frac{dR'}{d\tau};$$

les équations (19) seront donc

$$(23) \quad \begin{cases} \dfrac{dC}{dt} = \dfrac{dR'}{d\tau}, & \dfrac{d\tau}{dt} = -\dfrac{dR'}{dC}, \\[2mm] \dfrac{d(G)}{dt} = \dfrac{dR'}{d(g)}, & \dfrac{d(g)}{dt} = -\dfrac{dR'}{d(G)}, \\[2mm] \dfrac{d(H)}{dt} = \dfrac{dR'}{d(h)}, & \dfrac{d(h)}{dt} = -\dfrac{dR'}{d(H)}. \end{cases}$$

Cela posé, afin de découvrir les nouvelles arbitraires, nous revien-
drons aux expressions (22) de θ, l, g, h, pour établir entre les coefficients θ_0, l_0, g_0, h_0 des relations qui nous seront de la plus grande

utilité. Reprenons l'intégrale

$$A \cos\theta + B_1 = C \quad \text{ou} \quad A \cos\theta + B + \frac{i'''}{i} n'L = C,$$

ou enfin

$$C = - R + \frac{i'''}{i} n'L.$$

Cette équation doit devenir une identité, si l'on y remplace L, G,... par leurs valeurs (22), et cela quelles que soient les quantités C, (G), (H), τ, (g), (h); on peut donc différentier la précédente équation par rapport à ces quantités; servons-nous de la caractéristique ∂, pour indiquer cette différentiation, et nous aurons

$$\partial C = - \partial R + \frac{i'''}{i} n' \partial L,$$

ou, comme R est une fonction de L, G, H, l, g, h,

$$\partial C = \frac{i'''}{i} n' \partial L - \left(\frac{dR}{dL} \partial L + \frac{dR}{dl} \partial l \right)$$
$$- \left(\frac{dR}{dG} \partial G + \frac{dR}{dg} \partial g \right) - \left(\frac{dR}{dH} \partial H + \frac{dR}{dh} \partial h \right).$$

Or, si l'on remplace les dérivées partielles $\frac{dR}{dL}$, $\frac{dR}{dl}$,$\cdots$ par leurs valeurs tirées des formules (12),

$$\frac{dR}{dL} = - \frac{dl}{dt}, \quad \frac{dR}{dl} = \frac{dL}{dt},$$

il viendra

$$\partial C = \frac{i'''}{i} n' \partial L + \left(\frac{dl}{dt} \partial L - \frac{dL}{dt} \partial l \right)$$
$$+ \left(\frac{dg}{dt} \partial G - \frac{dG}{dt} \partial g \right) + \left(\frac{dh}{dt} \partial H - \frac{dH}{dt} \partial h \right),$$

ou, en remplaçant G et H par leurs valeurs (18),

$$\partial C = \frac{\partial L}{i} \left(i \frac{dl}{dt} + i' \frac{dg}{dt} + i'' \frac{dh}{dt} + i''' n' \right)$$
$$- \frac{1}{i} \frac{dL}{dt} (i \partial l + i' \partial g + i'' \partial h) + \frac{dg}{dt} \partial (G) + \frac{dh}{dt} \partial (H),$$

ou enfin, en introduisant θ,

$$(24) \qquad \partial C = \frac{d\theta\, \partial L - \delta\theta\, dL}{i\, dt} + \frac{dg}{dt}\partial(G) + \frac{dh}{dt}\partial(H).$$

Or les expressions de L et θ,

$$L = L_0 + L_1\cos\theta_0\tau + L_2\cos 2\theta_0\tau + \ldots,$$
$$\theta = \theta_0\tau + \theta_1\sin\theta_0\tau + \theta_2\sin 2\theta_0\tau + \ldots,$$

montrent que l'équation (24) sera de la forme

$$\alpha + \beta_1\cos\theta_0\tau + \beta_2\cos 2\theta_0\tau + \ldots + \gamma_1\sin\theta_0\tau$$
$$+ \gamma_2\sin 2\theta_0\tau + \ldots + \tau(\partial_1\sin\theta_0\tau + \partial_2\sin 2\theta_0\tau + \ldots) = 0;$$

cette équation devant avoir lieu quel que soit τ, on en tire évidemment

$$\alpha = 0, \quad \beta_1 = 0, \ldots$$

C'est la première de ces relations qui nous sera utile. Formons donc la partie non périodique et indépendante de τ dans l'équation (24); le terme

$$\frac{d\theta}{dt}\partial L$$

ou

$$[\theta_0 + \theta_0(\theta_1\cos\theta_0\tau + 2\theta_2\cos 2\theta_0\tau + \ldots)]$$
$$\times (\partial L_0 + \partial L_1\cos\theta_0\tau + \partial L_2\cos 2\theta_0\tau - \ldots)$$

donne, comme on le voit immédiatement,

$$\theta_0\left(\partial L_0 + \frac{\theta_1\,\delta L_1 + 2\theta_2\,\delta L_2 + 3\theta_3\,\delta L_3 + \ldots}{2}\right),$$

de même le terme $-\dfrac{dL}{dt}\partial\theta$ donne

$$\theta_0\left(\frac{L_1\,\delta\theta_1 + 2L_2\,\delta\theta_2 + 3L_3\,\delta\theta_3 + \ldots}{2}\right).$$

Quant au terme $\dfrac{dg}{dt}\partial(G)$, il doit être réduit à $g_0\partial(G)$, et de même

5

$\frac{dh}{dt} \partial (G)$, à $h_0 \partial (H)$; l'équation $\alpha = 0$ est donc

$$\partial C = \theta_0 \partial \left[\frac{L_0 + \frac{1}{2}(L_1 \theta_1 + 2 L_2 \theta_2 + \ldots)}{i} \right] + g_0 \partial (G) + h_0 \partial (H),$$

ou, en faisant

$$(25) \qquad \Lambda = \frac{L_0 + \frac{1}{2}(L_1 \theta_1 + 2 L_2 \theta_2 + \ldots)}{i},$$

$$(26) \qquad \partial C = \theta_0 \partial \Lambda + g_0 \partial (G) + h_0 \partial (H).$$

Or, Λ est une fonction de C, (G), (H), et inversement, C peut être regardé comme une fonction de Λ, (G), (H); l'équation (26) montre qu'on a, dans cette hypothèse,

$$(27) \qquad \theta_0 = \frac{dC}{d\Lambda}, \quad g_0 = \frac{dC}{d(G)}, \quad h_0 = \frac{dC}{d(H)},$$

θ_0, g_0 et h_0 sont donc les dérivées partielles d'une même fonction, relativement aux quantités Λ, (G), (H).

Cherchons à exprimer l_0 de la même manière.

L'équation qui lie l_0, θ_0, g_0 et h_0 est

$$i l_0 + i' g_0 + i'' h_0 + i''' n' = \theta_0 ;$$

on aura donc, en tenant compte des relations (27),

$$(28) \qquad i l_0 + i''' n' = \frac{dC}{d\Lambda} - i' \frac{dC}{d(G)} - i'' \frac{dC}{d(H)}.$$

Or, il est facile de faire en sorte que le second membre de cette formule soit aussi une dérivée partielle de C; il suffit de remplacer Λ, (G), (H) par les quantités Λ', G', H' définies comme il suit

$$(29) \qquad \Lambda = \frac{1}{i} \Lambda', \quad (G) = G' - \frac{i'}{i} \Lambda', \quad (H) = H' - \frac{i''}{i} \Lambda';$$

C va devenir une fonction de Λ', G' et H', et on aura évidemment

$$\frac{dC}{d\Lambda'} = \frac{1}{i}\frac{dC}{d\Lambda} - \frac{i'}{i}\frac{dC}{d(G)} - \frac{i''}{i}\frac{dC}{d(H)},$$

$$\frac{dC}{dG'} = \frac{dC}{d(G)}, \quad \frac{dC}{dH'} = \frac{dC}{d(H)}.$$

Donc, l'expression (28) de l_0, et les expressions (27) de g_0 et θ_0 vont devenir

$$(30) \qquad \left\{ \begin{array}{c} l_0 + \dfrac{i'''}{i} n' = \dfrac{dC}{d\Lambda'}, \\[2mm] g_0 = \dfrac{dC}{dG'}, \\[2mm] h_0 = \dfrac{dC}{dH'}; \end{array} \right.$$

voilà les relations auxquelles nous voulions arriver.

Nous allons maintenant pouvoir appliquer le théorème IV du § I ; nous avions le système d'éléments canoniques

$$C, \quad (G), \quad (H), \quad \tau, \quad (g), \quad (h),$$

nous voulons en déduire un nouveau système également canonique, d'après le théorème cité. Trois de ces nouveaux éléments seront Λ', G', H', et nous prendrons, pour la fonction ψ,

$$(31) \qquad \psi = C\tau - \left[\frac{i'}{i}(g) + \frac{i''}{i}(h) + \frac{q}{i} \right] \Lambda' + (g)G' + (h)H'.$$

Dans cette formule C doit être supposé remplacé par sa valeur en fonction de Λ', G', H' ; les éléments α sont

$$\tau, \quad (g), \quad (h),$$

les éléments α' sont

$$\Lambda', \quad G', \quad H';$$

on trouve aisément

$$\frac{d\psi}{d\tau} = C, \quad \frac{d\psi}{d(g)} = G' - \frac{i'}{i}\Lambda', \quad \frac{d\psi}{d(h)} = H' - \frac{i''}{i}\Lambda',$$

ou, en ayant égard à la définition de Λ', G', H',

$$\frac{d\psi}{d\tau} = C, \quad \frac{d\psi}{d(g)} = (G), \quad \frac{d\psi}{d(h)} = (H):$$

ce sont bien les équations

$$\frac{d\psi}{d\alpha_1} = \beta_1, \quad \frac{d\psi}{d\alpha_2} = \beta_2, \quad \frac{d\psi}{d\alpha_3} = \beta_3$$

du théorème cité.

Pour avoir les éléments β', il suffira de former les dérivées

$$\frac{d\psi}{d\Lambda'}, \quad \frac{d\psi}{dG'}, \quad \frac{d\psi}{dH'};$$

on trouve, en ayant égard aux formules (3o),

$$\frac{d\psi}{d\Lambda'} = \tau \frac{dC}{d\Lambda'} - \frac{i'}{i}(g) - \frac{i''}{i}(h) - \frac{q}{i} = \tau l_0 + \frac{i'''}{i} n'\tau - \frac{i'}{i}(g) - \frac{i''}{i}(h) - \frac{q}{i},$$

$$\frac{d\psi}{dG'} = (g) + g_0\tau,$$

$$\frac{d\psi}{dH'} = (h) + h_0\tau.$$

Si l'on a égard à la valeur de (l), on pourra écrire

$$\frac{d\psi}{d\Lambda'} = (l) + l_0\tau + \frac{i'''}{i} n't.$$

Désignons ces nouveaux éléments par λ, $\varkappa$, η, de façon que

$$\lambda = (l) + l_0\tau + \frac{i'''}{i} n't,$$
$$\varkappa = (g) + g_0\tau,$$
$$\eta = (h) + h_0\tau.$$

Le système Λ', G', H', λ, $\varkappa$, η sera canonique, c'est-à-dire qu'on aura

$$\frac{d\Lambda'}{dt} = \frac{dR'}{d\lambda}, \quad \frac{d\lambda}{dt} = -\frac{dR'}{d\Lambda'};$$

$$\frac{dG'}{dt} = \frac{dR'}{d\varkappa}, \quad \frac{d\varkappa}{dt} = -\frac{dR'}{dG'};$$

$$\frac{dH'}{dt} = \frac{dR'}{d\eta}, \quad \frac{d\eta}{dt} = -\frac{dR'}{dH'}.$$

On voit que les éléments $\varkappa$ et η sont les parties non périodiques des expressions (22) de g et h; λ est la partie non périodique λ' de l augmentée de $\frac{i'''}{i} n' l$; posons donc

$$\lambda = \lambda' + \frac{i'''}{i} n' l,$$

nous aurons

$$\frac{d\lambda'}{dt} = \frac{d\lambda}{dt} - \frac{i'''}{i} n' = -\frac{i'''}{i} n' - \frac{dR'}{d\Lambda'}.$$

On ramènera cette équation à la forme canonique, en faisant

$$R'' = R' + \frac{i'''}{i} n' \Lambda',$$

et l'on aura ainsi les équations canoniques

$$(32) \quad \begin{cases} \dfrac{d\Lambda'}{dt} = \dfrac{dR''}{d\lambda'}, & \dfrac{d\lambda'}{dt} = -\dfrac{dR''}{d\Lambda'}, \\[2mm] \dfrac{dG'}{dt} = \dfrac{dR''}{d\varkappa}, & \dfrac{d\varkappa}{dt} = -\dfrac{dR''}{dG'}, \\[2mm] \dfrac{dH'}{dt} = \dfrac{dR''}{d\eta}, & \dfrac{d\eta}{dt} = -\dfrac{dR''}{dH'}. \end{cases}$$

Les relations qui lient les deux systèmes d'éléments sont les suivantes

$$\Lambda' = i\Lambda = L_0 + \frac{1}{2}(L_1 \theta_1 + 2 L_2 \theta_2 + \ldots),$$

$$G' = (G) + \frac{i'}{i} \Lambda',$$

$$H' = (H) + \frac{i''}{i} \Lambda',$$

ou bien.

$$
(33)
\begin{cases}
\Lambda' = \mathrm{L}_0 + \frac{1}{2}(\mathrm{L}_1\theta_1 + 2\mathrm{L}_2\theta_2 + \dots), \\[4pt]
\mathrm{G}' = \mathrm{G}_0 + \frac{1}{2}(\mathrm{G}_1\theta_1 + 2\mathrm{G}_2\theta_2 + \dots), \\[4pt]
\mathrm{H}' = \mathrm{H}_0 + \frac{1}{2}(\mathrm{H}_1\theta_1 + 2\mathrm{H}_2\theta_2 + \dots), \\[4pt]
\lambda' = (l) + l_0(t + c), \\[4pt]
\varkappa = (g) + g_0(t + c), \\[4pt]
\eta = (h) + h_0(t + c);
\end{cases}
$$

on a, du reste,

$$
\mathrm{R}'' = \mathrm{R}' + \frac{i'''}{i}n'\Lambda' = \mathrm{R}_1 - \mathrm{C} + \frac{i'''}{i}n'\Lambda',
$$

$$
\mathrm{R}'' = \mathrm{R}_1 - \mathrm{C} + \frac{i'''n'}{2i}(\mathrm{L}_1\theta_1 + 2\mathrm{L}_2\theta_2 + \dots) + \frac{i'''}{i}n'\mathrm{L}_0.
$$

Les arbitraires Λ', G', H', λ', $\varkappa$, η sont donc encore canoniques tout comme les précédentes, C, (G), (H), c, (g), (h); seulement elles ne présentent plus l'inconvénient dont on avait parlé, car un terme quelconque de la fonction perturbatrice sera de la forme

$$
\mathrm{A}\cos(i\lambda' + i'\varkappa + i''\eta + i'''n't + q),
$$

puisque sous les signes cosinus, on réduit les éléments l, g, h à leurs parties non périodiques. On voit que, en formant les dérivées partielles de ce terme, le temps ne pourra pas sortir des signes sinus et cosinus.

On voit de plus que le terme périodique $- \mathrm{A}\cos\theta$ a bien disparu de la fonction perturbatrice; cette fonction a maintenant pour valeur

$$
\mathrm{R}'' = \mathrm{R}_1 - \mathrm{C} + \frac{1}{2}\frac{i'''}{i}n'(\mathrm{L}_1\theta_1 + 2\mathrm{L}_2\theta_2 + \dots) + \frac{i'''}{i}n'\mathrm{L}_0,
$$

C devant y être remplacé par sa valeur, fonction de Λ', G' et H'; mais si le terme périodique $- \mathrm{A}\cos\theta$ a disparu, la constante B de la fonction perturbatrice a été modifiée.

Remarque. — Les nouvelles variables Λ', G', H', λ', $\varkappa$, η se réduisent aux anciennes L, G, H, l, g, h, quand on suppose nul le coefficient A du terme périodique considéré.

Si, en effet, on se reporte aux équations (12), on verra que dans cette hypothèse

$$\frac{d\mathrm{L}}{dt} = \mathrm{o}, \quad \frac{d\mathrm{G}}{dt} = \mathrm{o}, \quad \frac{d\mathrm{H}}{dt} = \mathrm{o},$$

d'où

$$\mathrm{L} = \mathrm{L}_0, \quad \mathrm{L}_1 = \mathrm{o}, \quad \mathrm{L}_2 = \mathrm{o}, \dots$$

et de même pour G et H; mais l'expression (33) de Λ' montre qu'on a aussi

$$\Lambda' = \mathrm{L}_0.$$

Donc les variables Λ', G', H' se réduisent bien aux anciennes.

Les mêmes équations (12) donnent

$$\frac{dl}{dt} = -\frac{d\mathrm{R}}{d\mathrm{L}} = \frac{d\mathrm{B}}{d\mathrm{L}} = \text{const.},$$

d'où

$$l = (l) + \frac{d\mathrm{B}}{d\mathrm{L}}(t + c).$$

On a donc

$$l_0 = \frac{d\mathrm{B}}{d\mathrm{L}}, \quad l_1 = \mathrm{o}, \quad l_2 = \mathrm{o}, \dots,$$

ce qui montre que la valeur précédente de l est aussi celle à laquelle se réduit λ.

On démontrerait la même chose pour g et h.

Nous pouvons tirer de là la règle pratique suivante : on a les expressions de L, G,...,

$$\mathrm{L} = \mathrm{L}_0 + \mathrm{L}_1 \cos\theta_0 (t + c) + \dots,$$
$$\cdot \ \cdot \ \cdot \ \cdot \ \cdot \ \cdot \ \cdot \ \cdot \ \cdot \ \cdot \ \cdot \ \cdot \ \cdot \ \cdot \ \cdot \ \cdot ,$$

ou bien, à cause de la relation

$$\theta_0 (t + c) = i\lambda' + i'\varkappa + i''\eta + i'''n't + q,$$

les relations qui lient les nouvelles variables aux anciennes seront

$$L = L_0 + L_1 \cos(i\lambda' + i'\varkappa + i''\eta + i'''n't + q)$$
$$\qquad + L_2 \cos 2(i\lambda' + i'\varkappa + i''\eta + i'''n't + q) + \ldots,$$
$$G = G_0 + G_1 \cos(i\lambda' + i'\varkappa + i''\eta + i'''n't + q) + \ldots,$$
$$H = H_0 + H_1 \cos(i\lambda' + i'\varkappa + i''\eta + i'''n't + q) + \ldots,$$

$$l = \lambda' + l_1 \sin(i\lambda' + i'\varkappa + i''\eta + i'''n't + q) + \ldots,$$
$$g = \varkappa + g_1 \sin(i\lambda' + i'\varkappa + i''\eta + i'''n't + q) + \ldots,$$
$$h = \eta + h_1 \sin(i\lambda' + i'\varkappa + i''\eta + i'''n't + q) + \ldots.$$

Les coefficients $L_0, L_1, \ldots, G_0, G_1, \ldots, H_0, H_1, \ldots, l_1, \ldots, g_1, \ldots, h_1, \ldots$, de ces formules, qui étaient d'abord des fonctions de C, (G), (H) sont maintenant des fonctions de Λ', G' et H'. On remplacera L, G, H, l, g, h par leurs valeurs dans les coordonnées de la Lune, qui deviendront ainsi des fonctions connues des nouvelles variables. Ces nouvelles variables dépendront d'équations pareilles aux premières, à cela près que la fonction perturbatrice aura été débarrassée d'un de ses termes périodiques : on pourra la débarrasser d'un nouveau terme, et continuer ainsi jusqu'à ce qu'on ait enlevé les parties les plus importantes.

Il est inutile d'introduire de nouvelles lettres pour désigner les nouvelles variables ; on peut dire que, dans les coordonnées de la Lune, on remplacera :

$$\text{L} \quad \text{par} \quad L_0 + L_1 \cos(il + i'g + i''h + i'''n't + q) + \ldots,$$

de même pour G et H ;

$$l \quad \text{par} \quad l + l_1 \sin(il + i'g + i''h + i'''n't + q) + \ldots,$$

de même pour g et h.

Les coefficients de ces formules sont des fonctions connues de C, (G), (H) ; ils sont donnés en fonction de Λ', G' et H' ou L, G, H par les formules suivantes

$$L = L_0 + \frac{1}{2}(L_1 \theta_1 + 2L_2 \theta_2 + \ldots),$$
$$G = G_0 + \frac{1}{2}(G_1 \theta_1 + 2G_2 \theta_2 + \ldots),$$
$$H = H_0 + \frac{1}{2}(H_1 \theta_1 + 2H_2 \theta_2 + \ldots).$$

Les L_0, L_1... deviendront donc des fonctions connues de L, G, H; on aura alors les mêmes équations

$$\frac{d\mathrm{L}}{dt} = \frac{d\mathrm{R}}{dl}, \quad \frac{dl}{dt} = -\frac{d\mathrm{R}}{d\mathrm{L}},$$

$$\cdots \cdots \cdots ;$$

seulement par R, il faudra entendre

$$\mathrm{R} - \frac{i'''}{i}n'\mathrm{L} + \frac{i''}{i}n'\mathrm{\Lambda}',$$

ou bien

$$\mathrm{R} - \frac{i'''}{i}n'(\mathrm{L} - \mathrm{L}_0) + \frac{1}{2}\frac{i''}{i}n'(\mathrm{L}_1\theta_1 + 2\mathrm{L}_2\theta_2 + \ldots),$$

R étant la valeur primitive.

Remarque I. — La méthode suivie suppose le coefficient i de l dans l'argument θ différent de zéro; si ce coefficient était nul, i'' étant différent de zéro, on ferait jouer à G le rôle de L. La méthode ne se trouverait en défaut que dans le cas où i, i', i'' seraient nuls tous les trois; on peut alors intégrer aisément les équations (12); je ne m'arrêterai pas à ce cas.

Remarque II. — Quand on a fait disparaître un terme de la fonction perturbatrice, en remplaçant dans les autres L, G, H par leurs développements en séries, on introduit en général dans la fonction perturbatrice des termes qui ne s'y trouvaient pas; mais ces termes sont d'un ordre supérieur au terme considéré. Il peut même arriver qu'un terme qu'on avait fait disparaître reparaisse au bout d'un certain nombre d'opérations; mais alors ce terme sera nécessairement d'un ordre plus élevé.

Quand on aura ainsi fait disparaître les termes les plus importants de la fonction perturbatrice, on pourra, pour les autres, procéder comme dans la théorie des planètes et supprimer les approximations successives.

DEUXIÈME PARTIE.

§ I. — *Formules relatives aux actions mutuelles de deux planètes.*

Le mouvement de la Lune autour de la Terre est un cas particulier du problème des Trois Corps; à cause de la petitesse de la masse de la Lune relativement à celle du Soleil, la Terre se meut à très-peu près comme si elle existait seule avec le Soleil; son mouvement est à très-peu près elliptique. Aussi M. Delaunay, dans sa théorie, a-t-il pu supposer invariables les éléments de l'orbite apparente du Soleil autour de la Terre, en se réservant d'ailleurs de tenir compte ultérieurement, et par la méthode ordinaire, des perturbations de ce mouvement dues à l'action de la Lune.

Nous allons considérer actuellement le mouvement des deux planètes autour du Soleil, de Jupiter et de Saturne, par exemple : les perturbations de ces deux planètes seront tout à fait comparables, et le problème se présentera sous un aspect tout différent. Nous montrerons cependant que la méthode de M. Delaunay peut être étendue à ce cas, et qu'elle peut servir à la détermination des perturbations réciproques des deux planètes, ou plutôt de la partie la plus importante de ces perturbations. On verra que les formules ressemblent tout à fait à celles de la première Partie et qu'elles sont même plus symétriques.

Considérant donc deux planètes, et conservant les notations de la première Partie, nous aurons les douze équations

$$(1) \quad \begin{cases} \dfrac{d\mathrm{L}}{dt} = \dfrac{d\mathrm{R}}{dl}, & \dfrac{dl}{dt} = n - \dfrac{d\mathrm{R}}{d\mathrm{L}}; & \dfrac{d\mathrm{L}'}{dt} = \dfrac{d\mathrm{R}'}{dl'}, & \dfrac{dl'}{dt} = n' - \dfrac{d\mathrm{R}'}{d\mathrm{L}'}; \\[2mm] \dfrac{d\mathrm{G}}{dt} = \dfrac{d\mathrm{R}}{dg}, & \dfrac{dg}{dt} = - \dfrac{d\mathrm{R}}{d\mathrm{G}}; & \dfrac{d\mathrm{G}'}{dt} = \dfrac{d\mathrm{R}'}{dg'}, & \dfrac{dg'}{dt} = - \dfrac{d\mathrm{R}'}{d\mathrm{G}'}; \\[2mm] \dfrac{d\mathrm{H}}{dt} = \dfrac{d\mathrm{R}}{dh}, & \dfrac{dh}{dt} = - \dfrac{d\mathrm{R}}{d\mathrm{H}}; & \dfrac{d\mathrm{H}'}{dt} = \dfrac{d\mathrm{R}'}{dh'}, & \dfrac{dh'}{dt} = - \dfrac{d\mathrm{R}'}{d\mathrm{H}'}. \end{cases}$$

Les fonctions perturbatrices R et R' ont les valeurs suivantes :

$$\mathrm{R} = m' \left(\frac{1}{\Delta} - \frac{xx' + yy' + zz'}{r'^3} \right), \quad \mathrm{R}' = m \left(\frac{1}{\Delta} - \frac{xx' + yy' + zz'}{r^3} \right).$$

Nous réduirons ces deux fonctions à leurs premières parties :

$$(2) \qquad R = m' \frac{1}{\Delta}, \quad R' = m \frac{1}{\Delta},$$

et nous intégrerons dans cette hypothèse les équations (1), considérées comme simultanées.

Les équations (2) donnent

$$R' = \frac{m}{m'} R,$$

ce qui permet d'introduire partout la fonction R ; en faisant ce petit changement, nous nous arrangerons de telle sorte, que toutes les équations (1) soient canoniques. Il nous suffira de poser

$$(3) \qquad \begin{cases} \mathcal{R} = \dfrac{mm'}{\Delta} + m \dfrac{M + m}{2a} + m' \dfrac{M + m'}{2a'}, \\[2mm] \text{ou bien} \\[2mm] \mathcal{R} = m R + \dfrac{m\mu}{2a} + m' \dfrac{\mu'}{2a'}; \end{cases}$$

on trouvera facilement les relations suivantes :

$$\frac{d\mathcal{R}}{dl} = m \frac{dR}{dl}, \quad \frac{d\mathcal{R}}{dL} = m \left(\frac{dR}{dL} - n \right); \quad \frac{d\mathcal{R}}{dl'} = m' \frac{dR'}{dl'}, \quad \frac{d\mathcal{R}}{dL'} = m' \left(\frac{dR'}{dL'} - n' \right);$$

$$\frac{d\mathcal{R}}{dg} = m \frac{dR}{dg}, \quad \frac{d\mathcal{R}}{dG} = m \frac{dR}{dG}; \quad \frac{d\mathcal{R}}{dg'} = m' \frac{dR'}{dg'}, \quad \frac{d\mathcal{R}}{dG'} = m' \frac{dR'}{dG'};$$

$$\frac{d\mathcal{R}}{dh} = m \frac{dR}{dh}, \quad \frac{d\mathcal{R}}{dH} = m \frac{dR}{dH}; \quad \frac{d\mathcal{R}}{dh'} = m' \frac{dR'}{dh'}, \quad \frac{d\mathcal{R}}{dH'} = m' \frac{dR'}{dH'}.$$

Il sera facile dès lors de trouver ce que deviennent les équations (1) ; mais il convient de remplacer L, G, H, L', G', H' respectivement par $\frac{L}{m}, \frac{G}{m}, \frac{H}{m}, \frac{L'}{m'}, \frac{G'}{m'}, \frac{H'}{m'}$, ce qui revient à poser

$$(4) \qquad \begin{cases} L = m \sqrt{\mu a}, & L' = m' \sqrt{\mu' a'}; \\[2mm] G = m \sqrt{\mu a} \sqrt{1 - e^2}, & G' = m' \sqrt{\mu' a'} \sqrt{1 - e'^2}; \\[2mm] H = m \sqrt{\mu a} \sqrt{1 - e^2} \cos i, & H' = m' \sqrt{\mu' a'} \sqrt{1 - e'^2} \cos i'. \end{cases}$$

6..

On verra alors les équations (1) se réduire à la forme canonique

$$(5) \quad \begin{cases} \dfrac{dL}{dt} = \dfrac{d\mathcal{R}}{dl}, & \dfrac{dl}{dt} = -\dfrac{d\mathcal{R}}{dL}; & \dfrac{dL'}{dt} = \dfrac{d\mathcal{R}}{dl'}, & \dfrac{dl'}{dt} = -\dfrac{d\mathcal{R}}{dL'}; \\[2mm] \dfrac{dG}{dt} = \dfrac{d\mathcal{R}}{dg}, & \dfrac{dg}{dt} = -\dfrac{d\mathcal{R}}{dG}; & \dfrac{dG'}{dt} = \dfrac{d\mathcal{R}}{dg'}, & \dfrac{dg'}{dt} = -\dfrac{d\mathcal{R}}{dG'}; \\[2mm] \dfrac{dH}{dt} = \dfrac{d\mathcal{R}}{dh}, & \dfrac{dh}{dt} = -\dfrac{d\mathcal{R}}{dH}; & \dfrac{dH'}{dt} = \dfrac{d\mathcal{R}}{dh'}, & \dfrac{dh'}{dt} = -\dfrac{d\mathcal{R}}{dH'}. \end{cases}$$

C'est à ces équations que nous voulons étendre la méthode suivie par M. Delaunay dans le cas de la Lune.

Nous montrerons qu'on peut intégrer rigoureusement les douze équations (5), en réduisant la fonction perturbatrice $\mathcal{R}$ à sa partie constante et à un seul terme périodique, et nous apprendrons ensuite à former les équations d'où devront dépendre les arbitraires de l'intégration précédente; elles seront aussi simples que les équations (5).

§ II. — *Intégration des équations* (5) *dans le cas indiqué.*

On voit facilement qu'un terme quelconque du développement de $\mathcal{R}$ sera de la forme

$$A \cos (\alpha l + \beta g + \gamma h + \alpha' l' + \beta' g' + \gamma' h'),$$

α, β, γ, α', β', γ' étant des nombres entiers, et A une fonction de L, G, H, L', G', H'.

Considérons à part un de ces termes périodiques et la partie constante et posons

$$\mathcal{R} = -B - A \cos(\alpha l + \beta g + \gamma h + \alpha' l' + \beta' g' + \gamma' h') + \mathcal{R}_1,$$

ou en faisant, pour abréger, $\theta = \alpha l + \beta g + \gamma h + \alpha' l' + \beta' g' + \gamma' h'$,

$$(6) \qquad \mathcal{R} = -B - A \cos\theta + \mathcal{R}_1;$$

$\mathcal{R}_1$ désigne l'ensemble des autres termes périodiques de la fonction $\mathcal{R}$. Nous négligerons d'abord $\mathcal{R}_1$, et, prenant simplement

$$(7) \qquad \mathcal{R} = -B - A \cos\theta,$$

nous intégrerons rigoureusement les équations (5).

Suivons encore la méthode de Jacobi; il s'agira de trouver une intégrale complète de l'équation

$$(8) \quad \frac{dS}{dt} - B - A \cos\left(\alpha \frac{dS}{dL} + \beta \frac{dS}{dG} + \gamma \frac{dS}{dH} + \alpha' \frac{dS}{dL'} + \beta' \frac{dS}{dG'} + \gamma' \frac{dS}{dH'}\right) = 0,$$

c'est-à-dire une solution renfermant six constantes arbitraires.

Comme l'équation (8) ne contient pas le temps explicitement, nous ferons

$$S = Ct + S_1,$$

S_1 étant indépendant du temps.

Il suffira alors de trouver une solution de l'équation

$$(8 \ bis) \quad \begin{cases} \theta = \text{arc cos} \dfrac{C - B}{A} \\ = \alpha \dfrac{dS_1}{dL} + \beta \dfrac{dS_1}{dG} + \gamma \dfrac{dS_1}{dH} + \alpha' \dfrac{dS_1}{dL'} + \beta' \dfrac{dS_1}{dG'} + \gamma' \dfrac{dS_1}{dH'}, \end{cases}$$

avec cinq constantes arbitraires.

Posons

$$(9) \quad \begin{cases} L' = \dfrac{\alpha'}{\alpha} L + (L'), \\ G = \dfrac{\beta}{\alpha} L + (G), \quad G' = \dfrac{\beta'}{\alpha} L + (G'), \\ H = \dfrac{\gamma}{\alpha} L + (H), \quad H' = \dfrac{\gamma'}{\alpha} L + (H'), \end{cases}$$

(G), (H), (L'), (G'), (H') désignant de nouvelles variables : S_1 deviendra une fonction de ces nouvelles variables et de L, et si l'on désigne par $\left(\dfrac{dS_1}{dL}\right)$ la dérivée partielle de S_1 prise dans cette hypothèse, on aura, au lieu de l'équation (8 *bis*), l'équation

$$\theta = \text{arc cos} \frac{C - B}{A} = \alpha \left(\frac{dS_1}{dL}\right);$$

d'où l'on tire

$$S_1 = \int \text{arc cos} \frac{C - B}{A} \frac{dL}{\alpha}.$$

On peut ajouter une fonction arbitraire des variables $(G),\ldots,(H')$; nous prendrons

$$S_1 = \int \text{arc cos} \frac{C-B}{A} \frac{dL}{\alpha} + (g)(G) + (h)(H) + (l')(L') + (g')(G') + (h')(H'),$$

en désignant par (g), (h), (l'), (g'), (h') des constantes arbitraires.

L'intégrale $\int \text{arc cos} \frac{C-B}{A} \frac{dL}{\alpha}$ est une fonction de L, de $(G),\ldots,(H')$ et de C : mettons cela en évidence en posant

(10) $\int \text{arc cos} \frac{C-B}{A} \frac{dL}{\alpha} = K[L, (G), (H), (L'), (G'), (H'), C],$

et, si nous revenons aux anciennes variables, nous aurons

$$(11)\begin{cases} S = Ct + K\left(L, G-\frac{\beta}{\alpha}L, H-\frac{\gamma}{\alpha}L, L'-\frac{\alpha'}{\alpha}L, G'-\frac{\beta'}{\alpha}L, H'-\frac{\gamma'}{\alpha}L, C\right) \\[2mm] \quad + (g)\left(G-\frac{\beta}{\alpha}L\right) + (h)\left(H-\frac{\gamma}{\alpha}L\right) \\[2mm] \quad + (l')\left(L'-\frac{\alpha'}{\alpha}L\right) + (g')\left(G'-\frac{\beta'}{\alpha}L\right) + (h')\left(H'-\frac{\gamma'}{\alpha}L\right). \end{cases}$$

Telle est la solution complète que nous cherchions pour l'équation (8). Elle est fonction des six variables L, G, H, L', G', H', du temps t et des six constantes arbitraires C, (g), (h), (l'), (g'), (h').

Les intégrales des équations (5) seront dès lors

$$(12)\begin{cases} \dfrac{dS}{dC} = -c, & \dfrac{dS}{d(g)} = \text{const.}, & \dfrac{dS}{d(h)} = \text{const.}, \\[2mm] \dfrac{dS}{d(l')} = \text{const.}, & \dfrac{dS}{d(g')} = \text{const.}, & \dfrac{dS}{d(h')} = \text{const.}, \\[2mm] \dfrac{dS}{dL} = l, & \dfrac{dS}{dG} = g, & \dfrac{dS}{dH} = h, \\[2mm] \dfrac{dS}{dL'} = l', & \dfrac{dS}{dG'} = g', & \dfrac{dS}{dH'} = h', \end{cases}$$

c désignant une nouvelle constante arbitraire.

Les équations $\frac{dS}{d(g)} = \text{const.},\ldots$ nous apprennent que les quantités

'(G), (H), (L'), (G'), (H') sont des constantes; nous continuerons à les désigner par les mêmes lettres.

Cinq des intégrales (12) coïncideront avec les équations (9); quant aux autres, elles deviennent

$$(9\ bis)\begin{cases} -(t+c) = \dfrac{d\mathrm{K}}{d\mathrm{C}}, \quad g = (g) + \dfrac{d\mathrm{K}}{d(\mathrm{G})}, \quad h = (h) + \dfrac{d\mathrm{K}}{d(\mathrm{H})}, \\[2mm] l' = (l') + \dfrac{d\mathrm{K}}{d(\mathrm{L}')}, \quad g' = (g') + \dfrac{d\mathrm{K}}{d(\mathrm{G}')}, \quad h' = (h') + \dfrac{d\mathrm{K}}{d(\mathrm{H}')}, \\[2mm] \alpha l + \beta g + \gamma h + \alpha' l' + \beta' g' + \gamma' h' = \operatorname{arc\,cos} \dfrac{\mathrm{C} - \mathrm{B}}{\mathrm{A}}. \end{cases}$$

Ces équations (9) et (9 bis) donnent nos douze variables L, G, H, L', G', H' l, g, h, l', g', h' en fonction du temps t, et des douze arbitraires C, (G), (H), (L'), (G'), (H'), c, (g), (h), (l'), (g'), (h').

§ III. — *Variation des arbitraires introduites par l'intégration précédente.*

Revenant aux équations (5), nous rétablissons $\mathcal{R}_1$, en faisant

$$\mathcal{R} = -\,\mathrm{B} - \mathrm{A}\cos\theta + \mathcal{R}_1.$$

Comme nous avons intégré par la méthode de Jacobi, nos arbitraires dépendront encore d'équations canoniques, savoir :

$$(13)\begin{cases} \dfrac{d\mathrm{C}}{dt} = \dfrac{d\mathcal{R}_1}{dc}, \qquad \dfrac{dc}{dt} = -\dfrac{d\mathcal{R}_1}{d\mathrm{C}}; \\[2mm] \dfrac{d(\mathrm{G})}{dt} = \dfrac{d\mathcal{R}_1}{d(g)}, \quad \dfrac{d(g)}{dt} = -\dfrac{d\mathcal{R}_1}{d(\mathrm{G})}; \\[2mm] \dfrac{d(\mathrm{H})}{dt} = \dfrac{d\mathcal{R}_1}{d(h)}, \quad \dfrac{d(h)}{dt} = -\dfrac{d\mathcal{R}_1}{d(\mathrm{H})}; \\[2mm] \dfrac{d(\mathrm{L}')}{dt} = \dfrac{d\mathcal{R}_1}{d(l')}, \quad \dfrac{d(l')}{dt} = -\dfrac{d\mathcal{R}_1}{d(\mathrm{L}')}; \\[2mm] \dfrac{d(\mathrm{G}')}{dt} = \dfrac{d\mathcal{R}_1}{d(g')}, \quad \dfrac{d(g')}{dt} = -\dfrac{d\mathcal{R}_1}{d(\mathrm{G}')}; \\[2mm] \dfrac{d(\mathrm{B}')}{dt} = \dfrac{d\mathcal{R}_1}{d(h')}, \quad \dfrac{d(h')}{dt} = -\dfrac{d\mathcal{R}_1}{d(\mathrm{H}')}. \end{cases}$$

Revenons aux intégrales (9) et (9 *bis*), pour en examiner la forme.

On verra, comme dans la première Partie, que L est une fonction périodique paire de $\theta_0 (t + c)$, θ_0 étant défini par la relation

$$\frac{\pi}{\theta_0} = \int_{\mathcal{L}'}^{\mathcal{L}''} \frac{1}{\sqrt{A^2 - (C - B)^2}} \frac{dL}{\alpha},$$

où $\mathcal{L}'$ et $\mathcal{L}''$ sont les deux limites de L ; on en conclura donc les développements suivants

$$L = L_0 + L_1 \cos \theta_0 (t + c) + L_2 \cos 2\theta_0 (t + c) + \dots,$$

avec cinq formules analogues pour G, H, L', G', H';
de même,

$$l = (l) + l_0 (t + c) + l_1 \sin \theta_0 (t + c) + \dots,$$

avec des formules analogues pour g, h, l', g', h', et enfin

$$\theta = \theta_0 (t + c) + \theta_1 \sin \theta_0 (t + c) + \dots.$$

On aura du reste entre les coefficients G_0, G_1,..., H_0, H_1,..., les relations suivantes, conséquences des formules (9),

$$G_0 = \frac{\beta}{\alpha} L_0 + (G), \quad G_1 = \frac{\beta}{\alpha} L_1 \dots,$$

et de même pour les H_0,..., H'_0 ; on aura aussi les deux relations suivantes

$$(14) \quad \begin{cases} \alpha (l) + \beta (g) + \gamma (h) + \alpha' (l') + \beta' (g') + \gamma' (h') = 0, \\ \alpha l_0 + \beta g_0 + \gamma h_0 + \alpha' l'_0 + \beta' g'_0 + \gamma' h'_0 = \theta_0. \end{cases}$$

Si l'on substitue ces valeurs de L,..., H', l,..., h, l',..., h' dans la fonction $\mathcal{R}_1$, on voit qu'un terme quelconque de cette fonction sera de la forme

$$A \cos \{ \alpha [(l) + l_0 (t + c)] + \dots + \gamma' [(h') + h'_0 (t + c)] \},$$

A étant une fonction des quantités C, (G), (H), (L'), (G'), (H').

On voit que, si l'on veut appliquer les formules (13), en formant les dérivées partielles

$$\frac{d\mathcal{R}_1}{dC}, \quad \frac{d\mathcal{R}_1}{d(G)}, \dots, \quad \frac{d\mathcal{R}_1}{d(H')},$$

le temps sortira des signes sin et cos, car les quantités $l_0,\dots, h'_0$ sont des fonctions de $C,\dots, (H')$; c'est là un inconvénient. On l'évitera comme dans la première Partie.

§ IV. — *Changement d'arbitraires.*

Avant d'effectuer ce changement, revenons aux équations (13) : si l'on y pose

$$t + c = \tau \quad \text{et} \quad \mathcal{R}_1 - C = \mathcal{R}_2,$$

on verra, comme dans la première Partie, que le système d'éléments

$$\begin{array}{cccccc}
C, & (G), & (H), & (L'), & (G'), & (H'), \\
\tau, & (g), & (h), & (l'), & (g'), & (h'),
\end{array}$$

est canonique relativement à la fonction $\mathcal{R}_2$.

Cela posé, pour nous mettre sur la voie des nouvelles variables, suivons encore la même marche que dans la première Partie; l'équation

$$C = + B + A \cos\theta \quad \text{ou} \quad C = -\mathcal{R}$$

nous donnera de même que dans la première Partie

$$\partial C = \frac{d\theta\, \delta L - dL\, \delta\theta}{\alpha\, dt} + \frac{dg}{dt}\partial(G) + \dots + \frac{dH'}{dt}\partial(H'),$$

et on en conclura de même

$$\partial C = \theta_0\, \partial\frac{1}{\alpha}\left(L_0 + \frac{L_1\theta_1 + 2L_2\theta_2 + \dots}{2}\right) + g_0\,\partial(G) + \dots + (h'_0)\,\partial(H').$$

Si donc on pose

$$\Lambda = \frac{1}{\alpha}\left(L_0 + \frac{L_1\theta_1 + 2L_2\theta_2 + \dots}{2}\right),$$

et que l'on considère C comme une fonction de Λ, $(G),\dots, (H')$, on

7

aura ces formules

$$\theta_0 = \frac{dC}{d\Lambda}, \quad g_0 = \frac{dC}{d(G)}, \cdots, \quad h'_0 = \frac{dC}{d(H')}.$$

Veut-on rétablir l_0 au lieu de θ_0, pour la symétrie? La deuxième des formules (14) donnera

$$l_0 = \frac{1}{\alpha}\frac{dC}{d\Lambda} - \frac{\beta}{\alpha}\frac{dC}{d(G)} - \cdots, \quad -\frac{\gamma'}{\alpha}\frac{dC}{d(H')}.$$

Si donc on pose

$$(15)\begin{cases} \Lambda = \frac{\Lambda_1}{\alpha} & \text{ou} \quad \Lambda_1 = L_0 + \frac{L_1\theta_1 + 2L_2\theta_2 + \cdots}{2}, \\ (G) = (G_1) - \frac{\beta}{\alpha}\Lambda_1 & \text{ou} \quad (G_1) = G_0 + \frac{G_1\theta_1 + 2G_2\theta_2 + \cdots}{2}, \\ \cdots\cdots\cdots\cdots\cdots & \cdots\cdots\cdots\cdots\cdots \\ (H') = (H'_1) - \frac{\gamma'}{\alpha}\Lambda_1 & \text{ou} \quad (H'_1) = H'_0 + \frac{H'_1\theta_1 + 2H'_2\theta_2 + \cdots}{2}, \end{cases}$$

C deviendra une fonction de Λ_1, (G_1),..., (H'_1), et on aura ces relations très-simples

$$(16)\qquad l_0 = \frac{dC}{d\Lambda_1}, \quad g_0 = \frac{dC}{d(G_1)}, \cdots, \quad h'_0 = \frac{dC}{d(H'_1)}.$$

Dès lors, pour appliquer le théorème de Jacobi relatif au passage d'un système d'éléments canoniques à un autre pareil système, il suffira de prendre pour la fonction ψ

$$(17)\quad \psi = C\tau + (l)\Lambda_1 + (g)(G_1) + (h)(H_1) + \cdots + (h'_1)(H'_1),$$

C étant supposé remplacé dans cette formule par sa valeur en fonction de Λ_1, (G_1),..., (H'_1); par (l) on doit entendre la valeur

$$-\frac{\beta}{\alpha}(g) - \frac{\gamma}{\alpha}(h) - \cdots - \frac{\gamma'}{\alpha}(h')$$

tirée de la première formule (14).

Les éléments du premier système canonique qui entrent dans ψ sont donc

$$\tau, \quad (g), \quad (h), \cdots, \quad (h'_1);$$

le premier groupe d'éléments du nouveau système canonique sera

$$\Lambda, \quad (G_1), \quad (H_1),\ldots, \quad (H'_1).$$

On vérifie immédiatement les relations

$$\frac{d\psi}{d\tau} = C, \quad \frac{d\psi}{d(g)} = (G),\ldots, \quad \frac{d\psi}{d(h')} = (H');$$

le second groupe λ, $\varkappa$, η, λ', $\varkappa'$, η' du second système d'éléments sera donné par les formules suivantes

$$\lambda = \frac{d\psi}{d\Lambda_1}, \quad \varkappa = \frac{d\psi}{d(G_1)},\ldots;$$

en faisant usage des relations (16), il vient

$$(18) \quad \begin{cases} \lambda = (l) + l_0\,\tau & \text{ou} \quad \lambda = (l) + l_0\,(t+c), \\ \varkappa = (g) + g_0\,\tau & \text{ou} \quad \varkappa = (g) + g_0\,(t+c), \\ \cdots\cdots\cdots & \cdots\cdots\cdots \\ \eta' = (h') + h'_0\,\tau & \text{ou} \quad \eta' = (h') + h'_0\,(t+c). \end{cases}$$

Par où l'on voit que les nouveaux éléments $\lambda,\ldots, \eta'$ sont les parties non périodiques des valeurs de $l, g,\ldots, h'$.

Lors donc que l'on aura développé en séries les intégrales données par les formules (9 *bis*), on y lira immédiatement les valeurs de $\lambda,\ldots, \eta'$.

Les équations (15) et (18) lient donc les deux systèmes

$$C, \quad (G),\ldots, \quad (H'), \quad c, \quad (g),\ldots, \quad (h') \text{ d'une part,}$$
$$\Lambda, \quad (G_1),\ldots, \quad (H'_1), \quad \lambda, \quad \varkappa,\ldots, \quad \eta' \text{ d'autre part.}$$

On aura alors les équations suivantes, lesquelles ont la forme canonique

$$(19) \quad \begin{cases} \dfrac{d\Lambda_1}{dt} = \dfrac{d\mathcal{R}_2}{d\lambda}, & \dfrac{d\lambda}{dt} = -\dfrac{d\mathcal{R}_2}{d\Lambda_1}, \\ \dfrac{d(G_1)}{dt} = \dfrac{d\mathcal{R}_2}{d\varkappa}, & \dfrac{d\varkappa}{dt} = -\dfrac{d\mathcal{R}_2}{d(G_1)}, \\ \cdots\cdots\cdots, & \cdots\cdots\cdots, \\ \dfrac{d(H'_1)}{dt} = \dfrac{d\mathcal{R}_2}{d\eta'}, & \dfrac{d\eta'}{dt} = -\dfrac{d\mathcal{R}_2}{d(H'_1)}; \end{cases}$$

et comme un terme quelconque de la fonction $\mathcal{R}_2$ sera de la forme

$$A \cos (\alpha \lambda + \beta \varkappa + \gamma \eta + \alpha' \lambda' + \beta' \varkappa' + \gamma' \eta'),$$

où A est une simple fonction de $\Lambda_1, (G_1),\ldots, (H'_1)$, et $\alpha,\ldots, \gamma'$ sont des nombres entiers, on voit que le temps ne sortira plus des signes sin et cos.

La fonction $\mathcal{R}_2$, qui entre dans les équations précédentes, est

$$\mathcal{R}_2 = \mathcal{R}_1 - C.$$

Comme C est une fonction de $\Lambda_1, (G_1),\ldots, (H'_1)$, le terme périodique considéré $- A \cos \theta$ a complétement disparu.

De ce qui précède, on conclut la règle pratique suivante :

Dans les coordonnées des deux planètes, on remplacera

$$L \quad \text{par} \quad L_0 + L_1 \cos (\alpha \lambda + \beta \varkappa + \ldots + \gamma' \eta') + \ldots,$$
$$\cdot \cdot \cdot \cdot \cdot \cdot \cdot \cdot \cdot \cdot \cdot \cdot \cdot \cdot \cdot \cdot \cdot$$
$$H' \quad \text{par} \quad L'_0 + L'_1 \cos (\alpha \lambda + \beta \varkappa + \ldots + \gamma' \eta') + \ldots;$$

les coefficients de ces formules sont des fonctions connues de C, (G),...; ils sont liés à L, G,... par les équations

$$L = L_0 + \frac{1}{2}(L_1 \theta_1 + 2 L_2 \theta_2 + \ldots),$$
$$\cdot \cdot \cdot \cdot \cdot \cdot \cdot \cdot \cdot \cdot \cdot \cdot \cdot$$
$$H' = H'_0 + \frac{1}{2}(H'_1 \theta_1 + 2 H'_2 \theta_2 + \ldots);$$

lors donc qu'on aura développé en séries les intégrales données par les formules (9 *bis*), on pourra exprimer tous les coefficients L, L_1,... au moyen des formules L, G....

Ces nouvelles variables dépendront des mêmes équations

$$\frac{dL}{dt} = \frac{d\mathcal{R}_2}{dl}, \quad \frac{dl}{dt} = -\frac{d\mathcal{R}_2}{dL},$$
$$\cdot \cdot \cdot \cdot \cdot , \quad \cdot \cdot \cdot \cdot \cdot ,$$
$$\frac{dL'}{dt} = \frac{d\mathcal{R}_2}{dl'}, \quad \frac{dl'}{dt} = -\frac{d\mathcal{R}_2}{dL'},$$
$$\cdot \cdot \cdot \cdot \cdot , \quad \cdot \cdot \cdot \cdot \cdot ,$$

où $\mathcal{R}_2 = \mathcal{R}_1 - C$. La nouvelle fonction $\mathcal{R}_2$ ne contient plus le terme périodique considéré; on pourra répéter la même opération et faire disparaître autant de termes que l'on voudra.

§ V. — *Des cas où la méthode précédente serait employée avantageusement.*

Cette méthode, assez longue dans la pratique, ne serait d'aucune utilité dans la théorie des perturbations de Mercure, de Vénus, de la Terre et de Mars; les inégalités de ces planètes sont très-petites; il y a rarement lieu de faire plus d'une approximation, et la méthode ordinaire suffit amplement.

Mais pour les planètes plus éloignées du Soleil, et principalement pour Jupiter et Saturne, les inégalités sont très-fortes; pour Saturne, par exemple, les inégalités de la longitude provenant de l'action de Jupiter peuvent dépasser 1 degré.

La grandeur de ces inégalités tient d'une part à la grandeur des masses de Jupiter et de Saturne, et d'autre part à une cause particulière découverte par Laplace. Il arrive que cinq fois le moyen mouvement n' de Saturne est à très-peu près égal à deux fois le moyen mouvement de Jupiter, de telle sorte que la différence $5n' - 2n$ est une très-petite fraction de n ou de n'. Si donc on considère dans la fonction perturbatrice un terme dont l'argument soit $5l' - 2l + q$, q étant une fonction des longitudes des nœuds et des périhélies,

$$A \cos(5l' - 2l + q),$$

bien que le coefficient A de ce terme soit au moins du troisième ordre relativement aux excentricités et aux inclinaisons, ce terme pourra néanmoins produire des inégalités très-sensibles dans les éléments; car il introduira dans l'un quelconque des éléments l'inégalité

$$\frac{B \cos(5l' - 2l + q)}{5n' - 2n},$$

et cette expression pourra avoir une valeur sensible à cause du petit diviseur $5n' - 2n$.

Mais c'est surtout dans les expressions des longitudes moyennes de

Jupiter et de Saturne que les inégalités précédentes se feront sentir; car pour obtenir les perturbations des longitudes moyennes, on doit intégrer deux fois le terme $A \cos(5l' - 2l + q)\,dt$, ce qui introduit en diviseur la très-petite quantité $(5n' - 2n)^2$.

La réunion des inégalités précédentes constitue la *grande inégalité* de Jupiter et de Saturne; pour Saturne elle atteint environ 45 minutes quant à la longitude.

On comprend qu'une inégalité aussi considérable doive être très-difficile à déterminer; il faut tenir compte de la seconde approximation avec le plus grand soin; elle introduit dans la longitude de Saturne une inégalité qui peut s'élever à plus d'une demi-minute d'angle. On peut voir dans la *Mécanique céleste* combien cette partie de la théorie de Jupiter et de Saturne présente de difficultés.

C'est donc, à proprement parler, à la détermination précise de la grande inégalité de Jupiter et de Saturne qu'il conviendrait d'appliquer la méthode exposée dans la seconde Partie de cette Thèse. Il est vrai que, dans cette méthode, on néglige, dans les fonctions perturbatrices R et R', les parties

$$m' \frac{xx' + yy' + zz'}{r'^3} \quad \text{et} \quad m \frac{xx' + yy' + zz'}{r^3}.$$

Mais ces parties n'interviennent que pour une faible part dans la grande inégalité; car si elles fournissent des termes tels que

$$A \cos(5l' - 2l + q),$$

le coefficient A sera au moins du cinquième ordre relativement aux excentricités et aux inclinaisons, tandis que les termes analogues fournis par les premières parties de R et R', savoir $\frac{m'}{\Delta}$ et $\frac{m}{\Delta}$ ne sont que du troisième ordre. On déterminera donc par la méthode ordinaire l'influence des portions $m' \frac{xx' + yy' + zz'}{r'^3}$ et $m \frac{xx' + yy' + zz'}{r^3}$ dans la grande inégalité.

C'est ensuite qu'on pourra appliquer la méthode actuelle pour faire disparaître, de la partie commune, $\frac{1}{\Delta}$, des deux fonctions perturbatrices, tous les termes dont les arguments sont de la forme

$$\alpha\,(5\,l' - 2\,l) + \beta\varpi + \gamma\theta + \beta'\varpi' + \gamma\theta',$$

α, β, γ, β', γ' désignant des nombres entiers, c'est-à-dire tous les termes qui interviennent dans la grande inégalité.

Cela permettra de faire deux, trois,... autant d'approximations que l'on voudra.

Quand on aura fait ainsi disparaître les termes cités, on pourra calculer l'effet des autres par la méthode ordinaire.

Vu et approuvé.

Le 22 avril 1868.

LE DOYEN DE LA FACULTÉ DES SCIENCES,

MILNE EDWARDS.

Permis d'imprimer.

Le 23 avril 1868.

LE VICE-RECTEUR DE L'ACADÉMIE DE PARIS,

A. MOURIER.

DEUXIÈME THÈSE.

QUESTIONS PROPOSÉES PAR LA FACULTÉ.

1º Calcul de la réfraction astronomique dans le cas des distances zénithales apparentes inférieures à une certaine limite.

2º Détermination de cette limite au delà de laquelle la formule obtenue n'est plus admissible.

3º Détermination des constantes par les observations.

Vu et approuvé.

Le 22 avril 1868.

Le Doyen de la Faculté des Sciences,

MILNE EDWARDS.

Permis d'imprimer.

Le 23 avril 1868.

Le Vice-Recteur de l'Académie de Paris,

A. MOURIER.

Paris. — Imprimerie de GAUTHIER-VILLARS, successeur de MALLET-BACHELIER, Rue de Seine-Saint-Germain, 10, près l'Institut.

PARIS. — IMPRIMERIE DE GAULTHIER-VILLARS,
Rue des Saints-Pères-Germain, 20, près l'Institut.

www.ingramcontent.com/pod-product-compliance
Lightning Source LLC
Chambersburg PA
CBHW050546210326
41520CB00012B/2738